新时代智库出版的领跑者

国家智库报告 2023（37）
National Think Tank
法治指数与法治国情

中国政务公开第三方评估报告（2022）

中国社会科学院法学研究所法治指数创新工程项目组　国家法治指数研究中心　著

THIRD PARTY ASSESSMENT REPORT ON THE OPENNESS OF GOVERNMENT AFFAIRS IN CHINA (2022)

中国社会科学出版社

图书在版编目(CIP)数据

中国政务公开第三方评估报告.2022／中国社会科学院国家法治指数研究中心，中国社会科学院法学研究所法治指数创新工程项目组著.—北京：中国社会科学出版社，2023.10

（国家智库报告）

ISBN 978-7-5227-2706-6

Ⅰ.①中… Ⅱ.①中…②中… Ⅲ.①国家行政机关—信息管理—研究报告—中国—2022 Ⅳ.①D630.1

中国国家版本馆 CIP 数据核字（2023）第 206304 号

出 版 人	赵剑英
责任编辑	张 潜
责任校对	郝阳洋
责任印制	李寡寡

出　　版	中国社会科学出版社
社　　址	北京鼓楼西大街甲 158 号
邮　　编	100720
网　　址	http://www.csspw.cn
发 行 部	010-84083685
门 市 部	010-84029450
经　　销	新华书店及其他书店
印　　刷	北京君升印刷有限公司
装　　订	廊坊市广阳区广增装订厂
版　　次	2023 年 10 月第 1 版
印　　次	2023 年 10 月第 1 次印刷
开　　本	787×1092 1/16
印　　张	6.75
插　　页	2
字　　数	101 千字
定　　价	39.00 元

凡购买中国社会科学出版社图书，如有质量问题请与本社营销中心联系调换
电话：010-84083683
版权所有　侵权必究

项目组负责人：

田　禾　中国社会科学院国家法治指数研究中心主任，法学研究所研究员，中国社会科学院大学法学院特聘教授

吕艳滨　中国社会科学院法学研究所研究员，法治国情调研室主任，中国社会科学院大学法学院教授

项目组成员：（按照姓氏汉字笔画排序）

马铭泽　王　巧　王小梅　王祎茗　车宇婷
艾卓成　刘　定　刘　潇　刘欣雨　刘烨宁
刘雁鹏　刘静怡　许　奎　牟璐宁　纪姝瑞
杨　博　李　卫　李　扬　李　玥　李亦辰
李梦婷　汪玉池　张玉洁　张国宁　张睿君
陆麒元　陈　浩　周　丹　胡　洋　洪甜甜
秦圆圆　袁　晴　栗燕杰　徐　颖　曹世昕
常　丽　彭馨宇　葛鑫鑫　韩佳恒　曾小玲
詹雨青　廖娅杰

摘要： 2022年，中国社会科学院国家法治指数研究中心、法学研究所法治指数创新工程项目组围绕民主科学决策、优化营商环境、规范政府管理、加强民生保障、平台机制建设等方面，对48家国务院部门、31家省级政府（不包括港澳台地区）、49家较大的市政府、120家县（市、区）政府的政务公开情况进行了第三方评估。评估显示，2022年各级政府继续推进民主科学决策信息公开，重视利用政务公开助推优化营商环境、规范政府管理、加强民生保障，政务公开平台机制建设总体较好。未来仍需进一步提升各级政府公开意识，细化落实政务公开各项要求，不断满足人民群众日益增长的公开需求。

关键词： 政务公开　政府信息公开　政府透明度　法治指数　政府网站

Abstract: In 2022, National Rule of Law Index research of Chinese Academy of Social Sciences Research center and Law Institute rule of law index innovation project team ananlyze and assesse the openness of government affairs in China. The assessment targets include 48 State Council departments, 31 provincial-level governments, 49 large municipal governments, 120 counties. According to the evaluation results, In 2022, governments will continue to open democratic and scientific decision-making information, open the information which help optimize the business environment, open the information which standardize the government to manage, open the information which strengthen the guarantee of people's livelihood, the mechanism construction of the government affairs open platform is generally better. In the future, it is still necessary to further enhance the public awareness of governments at all levels, refine the requirements for openness in government affairs, meet the growing demands of the people's openess requirements.

Key words: Government Affairs Openness; Government Information Openness; Government Transparency; Law Governance index; Government Website

目 录

一 评估对象、指标及方法 …………………（1）
  （一）评估对象 ………………………………（1）
  （二）评估指标 ………………………………（2）
  （三）评估方法 ………………………………（5）

二 评估总体情况概述 ………………………（6）
  （一）政务公开取得显著成效 ………………（6）
  （二）政务公开工作仍面临的问题 …………（17）

三 部分领域公开情况 ………………………（31）
  （一）权力清单公开 …………………………（31）
  （二）政务服务信息公开 ……………………（37）
  （三）"双随机、一公开"监管信息公开 ……（44）
  （四）行政处罚信息公开 ……………………（48）
  （五）反垄断与反不正当竞争执法
       信息公开 …………………………………（51）

（六）行政执法统一公示平台建设公开 …… (53)
（七）行政执法统计年报公开 …………… (56)
（八）各类规划信息公开…………………… (58)
（九）财政预决算信息公开………………… (61)
（十）地方政府债务信息公开 …………… (63)
（十一）审计结果信息公开………………… (68)
（十二）义务教育领域信息公开 ………… (72)
（十三）建议提案办理结果公开 ………… (75)
（十四）新冠疫情防控信息公开 ………… (78)
（十五）公共企事业单位信息公开规定 …… (80)
（十六）基层政务公开标准化规范化 ……… (83)
（十七）政府信息公开平台建设 ………… (86)

四 发展展望 ……………………………… (95)

后 记 ……………………………………… (99)

一 评估对象、指标及方法

（一）评估对象

2022年的评估对象包括48家对外有行政管理权限的国务院部门、31家省级政府（不包括港澳台地区）、49家较大的市政府、120家县（市、区）政府。

项目组在上一年度评估的120家县（市、区）政府中剔除了排名靠后的20家，分别从最新的百强县、百强区[①]中按照排名由高到低依次选取了部分县（市、区）。对于无其他百强县、百强区可选取替换的省份，则依据被替换对象所在省的统计局发布的统计年鉴选取了GDP省内排名靠前的县（市、区）政府。

---

① 参见《2021年中国中小城市高质量发展指数研究成果发布》，《光明日报》2021年9月28日第16版。

(二) 评估指标

参照党和国家近年来对政务公开的新要求和新定位，结合当前政务公开在经济社会发展和政府管理中的功能与作用，项目组2022年对指标体系进行了优化整合。首先，依照党和国家贯彻全过程人民民主和推进治理体系与治理能力现代化的要求，突出依法、民主、科学决策及保障公众获知决策信息的权利，尤其是在国务院部门的评估中，加大了决策公开的权重。其次，结合地方政府近年来的工作重点，将优化营商环境、规范政府管理、加强民生保障作为其主要评估指标。

调整后，国务院部门的一级指标包括民主科学决策、管理服务公开、公开平台建设、公开机制建设（详见表1-1）。其中，民主科学决策包括决策预公开、行政规范性文件公开、政策解读、建议提案办理结果公开；管理服务公开包括权力清单信息公开、政务服务信息公开、行政执法信息公开、法治政府建设年度报告公开；公开平台建设包括网站平台建设和新媒体运维；公开机制建设包括依申请公开、政府信息公开工作年度报告公开、基层政务公开工作规范化标准化指引。地方政府的一级指标包括民主科学决策、助力优化营商环境、助力规范政府管理、民生保障信息公开、平台与机制建设（详见表1-2）。其中，民主科学决策包括决策预公开、行政规范性文件公开、政策解读、建议提案办理结果公开；助力优化营商环境包括政务服务信息公开、反垄断与反不正当竞争执法信息公开；助力规范政府管理包括权力清单信息公开、规划公开、行政执法信息公开、财政信息公开、审计信息公开、政府债务信息公开、法治政府建设年度报告；民生保障信息公开包括义务教育信息公开、公共企事业单位信息公开、新冠疫情防控信息公开；平台与机制建设包括网站平台建设、新媒体运维、政府公报（仅考察省级政府）、依申请公开、政府信息公开工作年度报告。

表1-1　　　　政府透明度指数指标体系（国务院部门）

一级指标	二级指标
民主科学决策	决策预公开
	行政规范性文件公开
	政策解读
	建议提案办理结果公开
管理服务公开	权力清单信息公开
	政务服务信息公开
	行政执法信息公开
	法治政府建设年度报告公开
公开平台建设	网站平台建设
	新媒体运维

续表

一级指标	二级指标
公开机制建设	依申请公开
	政府信息公开工作年度报告公开
	基层政务公开工作规范化标准化指引

表1-2　政府透明度指数指标体系（地方政府）

一级指标	二级指标
民主科学决策	决策预公开
	行政规范性文件公开
	政策解读
	建议提案办理结果公开
助力优化营商环境	政务服务信息公开
	反垄断与反不正当竞争执法信息公开
助力规范政府管理	权力清单信息公开
	规划公开
	行政执法信息公开
	财政信息公开
	审计信息公开
	政府债务信息公开
	法治政府建设年度报告
民生保障信息公开	义务教育信息公开
	公共企事业单位信息公开
	新冠疫情防控信息公开
平台与机制建设	网站平台建设
	新媒体运维
	政府公报
	依申请公开
	政府信息公开工作年度报告

（三）评估方法

评估采取观察各级政府网站公开平台公开情况和对依申请公开进行验证的方法，评估时间截至 2022 年 12 月 31 日。依申请公开通过在线申请或信函渠道提出，在线申请优先采用政府门户网站依申请公开平台，无平台的选择政府信息公开指南中公布的电子邮箱发送申请。

二　评估总体情况概述

（一）政务公开取得显著成效

2022年是党的二十大胜利召开之年，也是实施"十四五"规划承上启下的关键之年。这一年，《法治政府建设实施纲要（2021—2025年）》深入实施，法治观念不断深入人心，人民群众对于政务公开的要求也相应提高，同时为应对新冠疫情对我国经济社会的持续冲击，中央及各地方政府出台了一系列惠企利民的政策措施，各地方各部门日益注重以公开促进相关政策有效落地。国务院办公厅印发的《2022年政务公开工作要点》在要求做好政策文件集中公开、政策咨询服务、公开平台建设、基层政务公开等工作的同时，也强调要加强涉及市场主体、减税降费、扩大有效投资、疫情防控等方面的信息公开，持续做好决策、执行、管理、服务和结果全过程公开，不断加强公开制度和公开平台建设，深入推进基层政务公开标准化规范化建设，优化政策文件公开方式，提升政务公开质量与效果。评估显示，2022年各地方各部门政务公开工作成效显著。

1. 推进民主科学决策信息公开

党的二十大提出，发展全过程人民民主，保障人民当家作主。加强民主科学决策信息公开，让广大人民群众参与重大决策的各个环节，有助于保障人民当家做主，也有助于推进治理体系和治理能力现代化。评估显示，各级政府在民主科学决策信息公开方面积极探索、不断推动，成效明显。

首先，决策预公开情况逐步向好。有16家省级政府、39家较大的市政府、93家县（市、区）政府门户网站主动公开了2022年重大决策事项目录，分别占51.61%、79.59%和77.50%，比上一年均有所提升。部分评估对象公开意见反馈信息情况较好，有17家国务院部门、22家省级政府、29家较大的市政府、104家县（市、区）政府公开了意见采纳情况，分别占35.42%、70.97%、59.18%、86.67%；有8家国务院部门、21家省级政府、28家较大的市政府、98家县（市、区）政府公开了不采纳相关意见的理由，分别占16.67%、67.74%、57.14%、81.67%（见图2-1）。

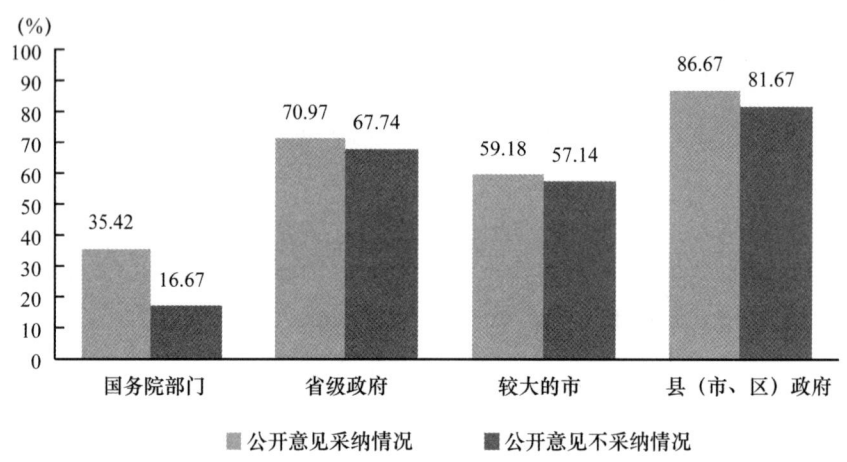

图 2-1　决策预公开披露意见采纳情况示意图

其次，规范性文件清理及备案公开增速较快。41家国务院部门、29家省级政府、47家较大的市级政府、118家县（市、区）政府门户网站或其政府法制部门网站发布了近3年规范性文件清理信息，分别占85.42%、93.55%、95.92%、98.33%。其中，发布了2022年规范性文件清理信息的有21家国务院部门、22家省级政府、35家较大的市政府、69家县（市、区）政府，分别占43.75%、70.97%、71.43%、57.50%。相比2020年，增加了10家国务院部门和26家县（市、区）政府。公开2022年规范性文件备案审查信息的省级政府有15家，占48.39%，其中按年发布的有1家，按季度发布的有6家，按月发布的有3家，不定期发布的有5家；公开备案审查信息的较大的市政府有26家，占53.06%，其中按年发布的有5家，按季度发布的有13家，按月发布的有1家，不定期发布的有7家；公开备案审查信息的县（市、区）政府有22家，占18.33%，其中按年发布的有6家，按季度发布的有10家，按月发布的有1家，不定期发布的有5家。相比2020年，省级政府、较大的市、县（市、区）政府数量均有所提升，其中县（市、区）政府增加11家，增速较快。

再次，政策解读质量有所提升。评估发现，全国各级政府政策解读的形式呈现多样化态势，有文字解读、图片、音频、视频解读、新闻发布解读、在线访谈等形式，还有的地方使用了H5解读、漫画、动漫解读、数字人解读、电子书解读等方式，增加了政策解读的趣味性和可读性，让公众看得懂、易接受。有32家国务院部门、29家省级政府、48家较大的市政府以及116家县（市、区）政府采用了多种形式进行政策解读，分别占66.67%、93.55%、97.96%、96.67%。政策解读内容完整规范，有45家国务院部门、29家省级政府、49家较大的市政府以及117家县（市、区）政府注重对政策出台的背景进行解读，分别占93.75%、93.55%、100%、97.50%；46家国务院部门、30家省级政府、49家较大的市政府以及120家县（市、区）政府对政策的主要条款进行了解读，分别占95.83%、

96.77%、100%、100%。

2. 重视优化营商环境信息公开

法治是最好的营商环境。其中，政务服务信息公开是"放管服"改革的关键点，是优化营商环境的重中之重。此类信息公开得越准确、越到位，才更能确保企业群众办事有预期、少跑腿；而加强反垄断和反不正当竞争执法信息公开，有助于保护经营者公平有序竞争，营造良好的市场环境。

首先，各评估对象重视政务服务信息公开。一是政务服务目录全面公开，除部分国务院部门无政务服务事项外，有42家国务院部门、31家省级政府、49家较大的市政府、120家县（市、区）政府政务服务网中公开了政务服务事项目录，总体公开率为97.58%。二是办事服务全面具体，有25家省级政府、41家较大的市政府、117家县（市、区）政府在政务服务网中开设了个人"全生命周期"办事服务专栏，分别占80.65%、83.67%、97.50%；有27家省级政府、41家较大的市政府、120家县（市、区）政府开设了企业（市场主体）"全生命周期"办事服务专栏，分别占87.10%、83.67%、100%，有效实现政务服务事项集成式、一站式公开（见图2-2）。

其次，反垄断与反不正当竞争执法信息的公开形

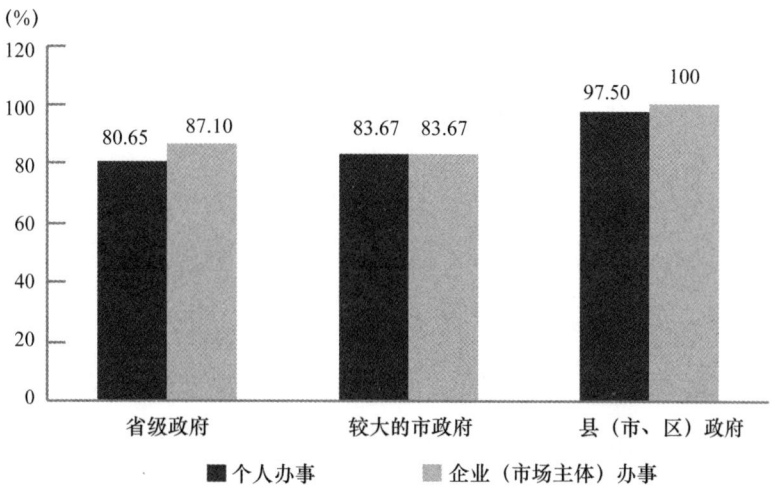

图 2-2 "全生命周期"办事服务公开情况示意图

式逐渐多元。有 2 家省级政府和 1 家较大的市政府公开了开展反垄断反不正当竞争专项行动的信息，其中 4 家评估对象以反垄断反不正当竞争工作汇报形式公开相关信息，11 家评估对象以典型案例形式播报反垄断反不正当竞争执法。

3. 加大规范政府权力信息公开

权力要在阳光下运行。政府权力的规范运行既要依靠各级政府自我约束、内部监督，也要依靠监察、司法等外部监督，更要依靠来自公众的监督。多年的政务公开实践表明，将政府权力"晒"给公众，是规范政府权力最为行之有效的手段。评估显示，各级政府从晾晒权力清单、公开行政执法、公示资金使用等多个方面入手，以公开规范权力运行。

首先，各级政府权力清单全面公开。31家省级政府、49家较大的市政府、120家县（市、区）政府均公开了本级政府工作部门权力清单。

其次，国务院部门普遍发布了监管规则和标准，85.42%的监管部门公开了全国统一、简明易行的监管规则和标准。

再次，随机抽查事项清单发布情况较好。具有监管职能的41家国务院部门中，有25家评估对象公开了本部门随机抽查事项清单，占60.98%；有18家省级政府、34家较大的市政府、98家县（市、区）政府集中公开了所属部门随机抽查事项清单，分别占58.06%、69.39%、81.67%。随机抽查事项清单整体公开比例达72.61%。

从次，行政处罚结果公开比例较高、内容较完整。具有行政处罚权的37家国务院部门以及各级地方政府的市场监管部门中，有9家国务院部门以及23家省级、44家市级、114家县（市、区）级市场监管部门公开了2022年作出的行政处罚决定信息，分别占18.75%、74.19%、89.80%、95.00%，其中80.17%的评估对象公开行政处罚信息要素完整，包含被处罚者信息、主要违法事实、处罚依据、处罚结果。

复次，财务、审计信息公开相对较好。以教育主管部门所属单位财政预决算信息公开为例,其公开比例有所提升。省、较大的市、县(市、区)教育主管部门所属单位财政预决算信息公开程度显著提高。仅5.50%的评估对象(11家)未公开教育主管部门所属单位2022年预算及相关报表,同比下降了22.5个百分点;有16.50%的评估对象(33家)未公开2021年教育主管部门所属单位决算及相关报表,同比下降了9.5个百分点。同时,省级政府审计结果信息公开情况较好。29家省级政府公开了2021年度本级预算执行情况和其他财政收支审计结果报告,同步公开2021年度重大政策措施落实情况跟踪审计信息,占比达93.55%,其中19家评估对象报告内容完整,情况表述翔实。

最后,地方政府债务信息公开整体情况良好。政府债务信息集中公开,31家省级政府、49家较大的市政府、120家县(市、区)政府均公开了2021年度政府债务信息,公开比例达97.50%,其中,26家省级政府、42家较大的市政府、117家县(市、区)政府将政府债务信息集中在一个平台(专栏)公开,且大部分评估对象2021年政府债务决算信息与财政决算信息保持同步发布。政府债务限额、余额决算情况公开较为全面,27家省级政府公开了2021年全省、省本级以及所属地区的地方政府债务限额、余额决算数,占

87.10%；41家较大的市政府公开了2021年全市、市本级以及所属地区的地方政府债务限额、余额决算数，公开率达83.67%；114家县（市、区）政府公开了2021年政府债务限额、余额决算数，占95.00%。政府债券发行、还本付息决算情况公开较为全面，28家省级政府公开了2021年末全省、省本级的政府债券发行、还本、付息决算数，占90.32%；42家较大的市政府公开了2021年末全市、市本级的政府债券还本、付息决算数，占85.71%；114家县（市、区）政府公开了2021年末政府债券还本、付息决算数，占95.00%。省级政府债务基本信息公开情况较好，31家省级政府均完整公开了2021年政府债务品种、期限、利率、偿还计划、偿债资金来源等信息。

4. 普遍重视民生保障信息公开

党的二十大指出，要增进民生福祉，提高人民生活品质。保障民生要求各级政府在发展中切实解决人民群众的急难愁盼，不断提升公众福祉。政府各项保障民生的措施既要让公众知晓，又要接受公众的监督。本次选取的评估事项的公开情况表明，各级政府普遍重视民生保障信息公开，努力做到服务群众、满足群众需求、依法保障群众权益。

首先，重视新冠疫情防控信息发布。31家省级政府、49家市政府、120家县（市、区）政府2022年均持续发布新冠疫情防控进展信息，其中21家省级政府、41家较大的市政府、84家县（市、区）政府全面发布散发疫情、隔离管控、流调溯源、精准防控、冷链物流、假期人员流动等各方面信息，分别占67.74%、83.67%、70.00%。同时做到个人隐私防护到位，27家省级政府、47家较大的市政府、106家县（市、区）政府公开的流调溯源信息均未出现泄露个人身份证件号码、手机号码、详细住址的情况，分别占87.10%、95.92%、88.33%。

其次，义务教育阶段招生入学政策公开逐步完善。112家县（市、区）教育部门按时部署招生工作，并公开了2022年度招生工作实施方案，其中除10%的地区招生政策只涉及部分区域公办小学或初中外，其他地区均完整公开了辖区范围内义务教育学校招生工作实施方案。分别有108家、106家、94家、89家县（市、区）政府公开了义务教育普通学生入学条件、随迁子女入学条件、公办小学学区划分情况、公办初中学区划分情况，分别占90.00%、88.33%、78.33%、74.17%。各地区均开设"义务教育"领域信息公开专栏，其中部分地区根据公开信息类型进一步细化栏目设置，实现了精准分类公开。

5. 公开平台机制建设总体较好

政务公开必须依靠有力的平台机制保障。评估显示，各级政府政务公开平台机制建设情况总体较好。

政府网站建设健全。有46家国务院部门、31家省级政府、47家较大的市政府、118家县（市、区）政府网站栏目布局清晰合理，无栏目重叠情况，页面简洁且信息发布普遍规范，分别占95.83%、100%、95.92%、98.33%；37家国务院部门网站、28家省级政府网站、45家较大的市政府网站、107家县（市、区）政府网站检索功能较为完善，基本实现高级搜索、结果筛选、搜索结果规则排序、在线服务可搜索，分别占77.08%、90.32%、91.84%、89.17%。除一家国务院部门外，其他国务院部门及省、市、县（市、区）政府均开设网站互动平台。

政府公报是刊登行政法规和规章标准文本的法定载体，是政府机关发布政令的权威渠道。省、较大的市政府开设政府公报专栏比例达97.50%，仅2家较大的市未开设该专栏，部分评估对象电子版政府公报提供公报目录导航和内容检索服务。

政务新媒体运营维护情况良好。有47家国务院部门、31家省级政府、49家较大的市政府、119家县（市、区）政府开设了政务新媒体，分别占97.92%、

100%、100%、99.17%。其中，有45家国务院部门、30家省级政府、49家较大的市政府、116家县（市、区）政府开放的政务新媒体平台能按周更新内容，占比分别为93.75%、96.77%、100%、96.67%。多地通过政务新媒体积极打造实现"掌上公报"，如北京市通过"北京发布"微信公众号公布政府公报。

（二）政务公开工作仍面临的问题

1. 决策预公开仍需大力推动落实

决策草案征集意见时间过短，易导致听取群众意见不充分的问题，且会给人缺乏诚意、走过场的印象。评估发现，有22家国务院部门、14家省级政府、36家较大的市政府、83家县（市、区）政府征集意见少于30天且没有说明理由，分别占45.83%、45.16%、73.47%、69.17%。部分评估对象未公开对所征集意见不予采纳的理由。有7家国务院部门、2家省级政府、9家较大的市政府和10家县（市、区）政府虽然公开了意见征集的整体情况，却并没有公开对征集意见不予采纳的理由，有的反馈情况描述较为笼统，不利于社会公众对重大行政决策制定程序过程的监督。决策预公开是推进民主科学决策的关键环节，也是转变决策方式和推进治理模式现代化的重要路径，对各级政府提出的要求较高。评估结果表明，今后仍需进一步转变治理理念、探索畅通有序的公众参与机制和政民互动模式。

2. 建议提案办理结果公开机制待完善

公开各级政府办理的人大代表建议和政协委员提案，是积极回应代表委员和人民群众关切的重要环节，也是落实全过程人民民主的重要举措。但评估显示，此类信息公开仍然有提升空间。截至2022年12月底，有14家国务院部门、6家省级政府、4家较大的市政府、22家县（市、区）政府未公开2022年人大代表建议办理复文，分别占29.17%、19.35%、8.16%和18.33%，总体公开率为81.45%，较上一年度下降5.24个百分点；17家国务院部门、5家省级政府、6家较大的市政府、26家县（市、区）政府未公开2022年政协委员提案办理复文，分别占35.42%、16.13%、12.24%、21.67%，总体公开率为78.23%，较上一年度下降5.24个百分点；45家国务院部门、25家省级政府、43家较大的市政府、105家县（市、区）政府未公开2022年人大代表建议办理总体情况，分别占93.75%、80.65%、87.76%、87.50%，总体公开率为12.10%，较上一年度下降5.65个百分点；45家国务院部门、25家省级政府、44家较大的市政府、106家县（市、区）政府未公开 2022 年政协委员提案办理总体情况，分别占 93.75%、80.65%、89.80%、88.33%，公开率为 11.29%。上述结果表明，各级政府对此类信息公开的重视程度仍待提升，个别地方和部门也有必要协调处理好与人大、政协在公开此类信息上的关系，此类信息公开机制有待完善。

3. 政务服务信息公开仍须补齐短板

公开政务服务信息是优化营商环境的需要，也是满足企业群众高效便捷办事的需要。评估显示，加强政务服务信息公开标准化程度仍显得十分必要。一是办事指南规范性有待提高，32 家国务院部门、12 家省级政府、19 家较大的市政府、66 家县（市、区）政府办事指南中办理依据、申报条件、申报材料、办理地点、办理流程、办理期限、收费标准、联系方式（咨询渠道）等要素不明确、不完整，分别占 66.67%、38.71%、38.78%、55.00%。二是不动产登记办理集成度不高，120 家县（市、区）政府中，有 43 家评估对象的政务服务网中未开设不动产登记集成办理栏目，占 35.83%，且开设栏目的评估对象中，半数以上未明确集成办理时间。三是证明事项清单公开情况较差，23 家国务院部门、9 家省级政府、7 家较大的市政府、61 家县（市、区）政府未公开保留的证明事项清单，分别占 47.92%、

29.03%、14.29%、50.83%，公开率仅为59.68%；公开证明事项清单的评估对象中，有3家国务院部门、8家省级政府、15家较大的市政府、31家县（市、区）政府清单中未完整列明设定依据、索要单位、开具单位等要素，分别占6.25%、25.81%、30.61%、25.83%。四是外商投资企业投诉和拖延农民工工资投诉渠道不明确，2家省级政府、17家较大的市政府、95家县（市、区）政府未公开外商投资企业投诉工作规则、投诉方式、处理期限，分别占6.45%、34.69%、79.17%，总体公开率仅为43.00%；79家县（市、区）政府未公开拖延农民工工资的举报投诉电话、网站，总体公开率仅为34.17%。这表明，"放管服"改革方面的信息公开情况还有待提升。

4. 权力清单公开仍须更新完善

权力清单公开是政务公开的重点内容，需要根据法律法规、部门职能等适时进行更新完善以确保内容准确。然而，评估显示，权力清单的公开质量有待提升。国务院部门权力清单公开比例、内容完整性仍不理想。40家国务院部门未公开近两年版本的权力清单，占83.33%；大部分评估对象发布的权力清单中仅包含少数类型权力事项，各级政府权力清单动态调整不到位。一是对失效文件依据的清理、替换不到位，有 19 家省级政府、33 家较大的市政府、93 家县（市、区）政府权力清单中仍存在已经废止的《疫苗流通和预防接种管理条例》，分别占 61.29%、67.35%、77.50%；仅 11 家省级政府、10 家较大的市政府、18 家县（市、区）政府权力清单全面清理了因《民法典》出台实施而同步废止的《婚姻法》《继承法》《民法通则》《收养法》《担保法》《合同法》《物权法》《侵权责任法》《民法总则》等文件依据，分别占 35.48%、20.41%、15.00%。二是权力事项更新不到位，有 7 家省级政府、24 家较大的市政府、45 家县（市、区）政府的、权力清单未依据修订后的《生猪屠宰管理条例》更新对生猪屠宰违法行为的处罚标准，分别占 22.58%、48.98%、37.50%；有 22 家省级政府、37 家较大的市政府、59 家县（市、区）政府权力清单中未依据修订后的《种子法》更新对"生产经营劣种子"违法行为的处罚裁量标准，分别占 70.97%、75.51%、49.17%；有 40 家县（市、区）政府权力清单中仍未删改对生育第三个子女征收社会抚养费的有关内容，占比为 33.33%；除 2 家评估对象未公开住建部门权力清单、1 家住建局未设定处罚权外，其余 31 家省级政府、47 家较大的市政府、119 家县（市、区）政府权力清单均未依据《噪声污染防治法》新增"对建设单位建设噪声敏感建筑物不符合民用建筑隔声设计相关标准要求的行政处罚"事项；除 18 家评估对象未公开生态环境部门权力清单外，有 28 家省级政府、44 家较大的市政府、89 家县（市、区）政府的权力清单未依据《噪声污染防治法》新增"对无排污许可证或者超过噪声排放标准排放工业噪声的行政处罚"事项。

5. 行政处罚决定公开质量有待提升

行政处罚决定不及时、信息不同源问题突出。公开行政处罚决定的 190 家评估对象中，有 2 家国务院部门以及 6 家省级、4 家市级、20 家县（市、区）级市场监管部门的行政处罚信息未在作出行政决定之日起 7 个工作日内及时公开；半数以上评估对象存在门户网站与"信用中国""国家企业信用信息公示平台"所公开的信息不一致的情况。

6. 地方审计信息公开力度仍须加大

公开审计信息是接受社会监督的必然要求，但审计计划公开比例较低。61.29% 的省级政府（19 家）、75.51% 的较大的市政府（37 家）、67.50% 的县（市、区）政府（81 家）未发布 2022 年审计计划。49 家较大的市政府和 120 家县（市、区）政府中，有 17 家较大的市政府、71 家县（市、区）未公开 2021 年本级预算执行情况和其他财政收支审计结果报告，占比分别为34.69%和59.17%，有19家较大的市政府、79家县（市、区）政府未公开2021年重大政策措施落实情况跟踪审计信息，占比分别为38.78%和65.83%。

7."双随机、一公开"工作有待规范

"双随机、一公开"是推进执法规范化建设的创新举措，近年来各地方各部门公开此类信息情况逐步向好，但仍有需要规范的地方。一是公开形式有待规范，41家具有监管职能的国务院部门、31家省级政府、49家较大的市政府以及120家县（市、区）政府中，有29家国务院部门、15家省级政府、16家较大的市政府、39家县（市、区）政府未设置"双随机、一公开"专栏，分别占70.73%、48.39%、32.65%、32.50%；部分政府未集中公开所有部门的随机抽查事项清单。二是随机抽查事项清单有待规范，公开随机抽查事项清单的25家国务院部门以及23家省级、36家市级、96家县（市、区）级生态环境部门中，有8家国务院部门以及4家省级、12家市级、47家县（市、区）级生态环境部门清单中未完整包含抽查依据、主体、内容和方式，分别占32.00%、17.39%、33.33%和48.96%。三是抽查结果未全面公开，36家国务院部门以及20家省

级、9家市级、36家县（市、区）级生态环境部门未公开2022年随机抽查结果及查处情况，分别占75.00%、64.52%、18.37%、30.00%；少数评估对象仅公开了随机抽查结果，未公开查处情况。

8. 各类规划信息公开应予逐步规范

公开各类规划信息，有助于加强民主科学决策、监督各级政府依法落实规划、满足人民群众知情权。但目前看来，各地政府规划公开的规范化程度还有待提升。

一是国土空间规划、区域规划公开情况较差；29家省级政府、48家较大的市政府、102家县（市、区）政府门户网站、自然资源和规划部门网站中未发布正式的地方国土空间规划，占比分别达93.55%、97.96%、85.00%，3家省级政府、11家较大的市政府、71家县（市、区）政府未公开区域规划文件，占比分别为9.68%、22.45%、59.17%。

二是国民经济和社会发展规划纲要完成情况有待提升。48.39%的省级政府（15家）、79.59%的较大的市政府（39家）和86.67%的县（市、区）政府（104家）未在政府网站全面归集并公开"十三五"及以前的国民经济和社会发展规划纲要的完成情况。

9. 地方政府债务信息公开仍应细化

公开地方政府债务信息有助于加强地方政府债务管理，但评估显示，此类信息公开仍需加强。一是省、市两级政府债券资金使用情况公开较差。分别有4家、6家省级政府未公开2021年全省、省本级政府债券资金使用安排决算情况；分别有12家、10家市政府未公开2021年全市、市本级政府债券资金使用安排决算情况；部分评估对象公开资金使用安排决算情况仅披露了使用方式，未明确到具体项目。二是市、县政府债务基本信息公开有待加强，3家较大的市政府、4家县（市、区）政府未公开2021年政府债务品种；21家较大的市政府、42家县（市、区）政府未公开2021年政府债务期限；22家较大的市政府、44家县（市、区）政府未公开2021年政府债务利率；45家较大的市政府、111家县（市、区）政府未公开2021年政府债务偿还计划；41家较大的市政府、112家县（市、区）政府未公开2021年政府债务偿债资金来源。

10. 义务教育信息公开应加大落实力度

教育事业关系民生福祉，广受社会关注。评估显示，义务教育招生计划人数、招生结果名单、学校基本情况等信息公开水平较上一年度略有提升，但仍有较大的改进空间。

招生计划人数方面，仅52家县（市、区）政府发布有2022年公办小学计划招生人数、班级数或学位数，占比为43.33%；仅55家县（市、区）政府发布了2022年公办初中计划招生人数、班级数或学位数，占比为45.83%；公开信息多数未实现涵盖辖区内所有公办小学、公办初中招生情况。

招生结果方面，仅有14家、16家县（市、区）政府发布了2022年公办小学、公办初中招生学生名单（含民转公），占比均低于15.00%。

学校基本情况方面，抽查的120所义务教育阶段公办学校中，仅有33所学校完整公开了办学性质、办学地点、办学规模、办学基本条件、联系方式等学校基本情况信息，占比为27.50%；仅有3所学校发布了2022年招生简章，较上一年度抽查情况无明显改善。

11. 公共企事业单位信息公开仍需加强

公共企事业单位信息公开关系人民群众基本民生，加大公开力度有助于加强和优化管理、促进企事业单位提升服务质量。但目前相应的制度机制还不健全，对已有制度的落实情况也还不够理想。评估显示，公共企事业单位信息公开制度亟待完善，仅7家国务院部门制定、公开了主管领域公共企事业单位信息公开规定，其中6家评估对象的规定中未完整列出信息公开内容、时限要求；2家评估对象的规定中未要求公共企事业单位开设信息公开咨询窗口。此外，公共企事业单位信息公开制度落实情况不理想，49家市政府中，仅17家评估对象开设了公共企事业单位信息公开专栏，占比为34.69%；仅20家评估对象设置了线上信息公开咨询窗口，占比为40.82%。

12. 基层政务公开标准化、规范化指引有待拓展

基层政府是做好政务公开的关键，加强上级政府的规范指引，推动基层政务公开标准化、规范化有助于切实满足人民群众的满意度和获得感。但在考察的48家国务院部门中，仅21家评估对象公开了共计28个主管领域的基层政务公开标准指引，仍须进一步拓展其他领域的基层政务公开标准指引。

13. 公开平台建设质量水平仍须加强

信息化时代，政务公开必须依靠网站、自媒体等信息化平台，以提升政务公开效率、满足人民群众高效便捷获取信息的实际需求。但评估显示，各级政府政务公开平台建设还存在不少短板。

公开平台内容方面，评估组主要考察网站中是否

存在错误内容的情况，主要包括错别字、病词句等。整体而言，评估结果显示4类评估对象中绝大多数政府网站存在的内容错误处于中间水平，有71.77%的政府网站（178家）内容错误数量处于十位数量级，8.06%的政府网站（20家）内容总体严谨恰当，仅发现小于10处的内容错误。

在国务院部门中，7家政府网站内容错误数量小于10处，占比为14.58%，在四类调研对象中占比最大，表现最佳。国务院部门各评估对象间的差距相比省、市、县级评估对象也较大，有22.92%的评估对象（11家）错误数量大于100处。在省、市、县级政府中，内容错误数量小于10处的政府网站数量较少，各有1家、2家、10家，占比分别为3.23%、4.08%、8.33%。相比较而言，省级政府网站建设在内容方面较为稳定，仅有6.45%的政府网站（2家）存在百位数量级的内容错误，占比最小，市级、县级政府网站则次之，存在相同量级错误的政府网站各有9家、28家，分别占比18.37%、23.33%（见图2-3）。

平台建设方面，各级政府网站均存在不同程度的链接错误问题。如错误链接数量小于10条的分别有19家国务院部门、13家省级政府、21家较大的市政府和62家县（市、区）政府，分别占39.58%、41.94%、42.86%、51.67%。换言之，一半甚至更多的政府网

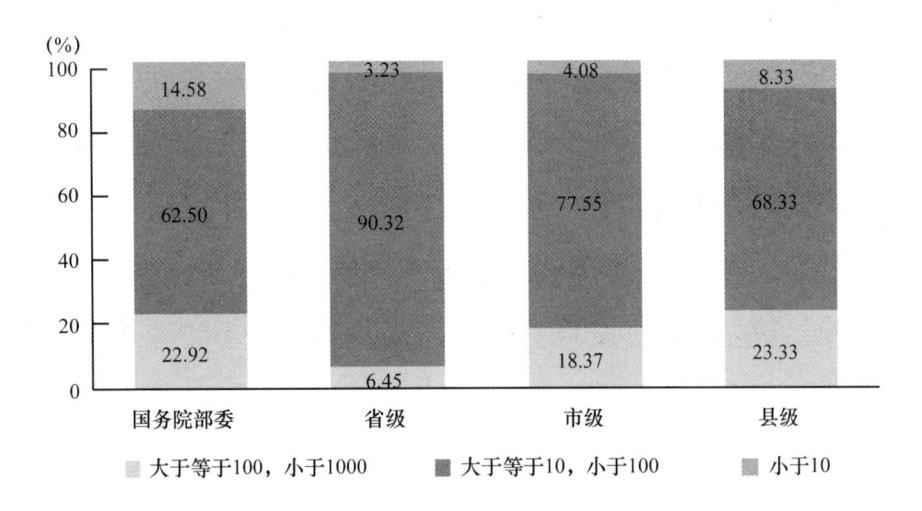

图 2-3　各级政府错误内容数量量级百分比

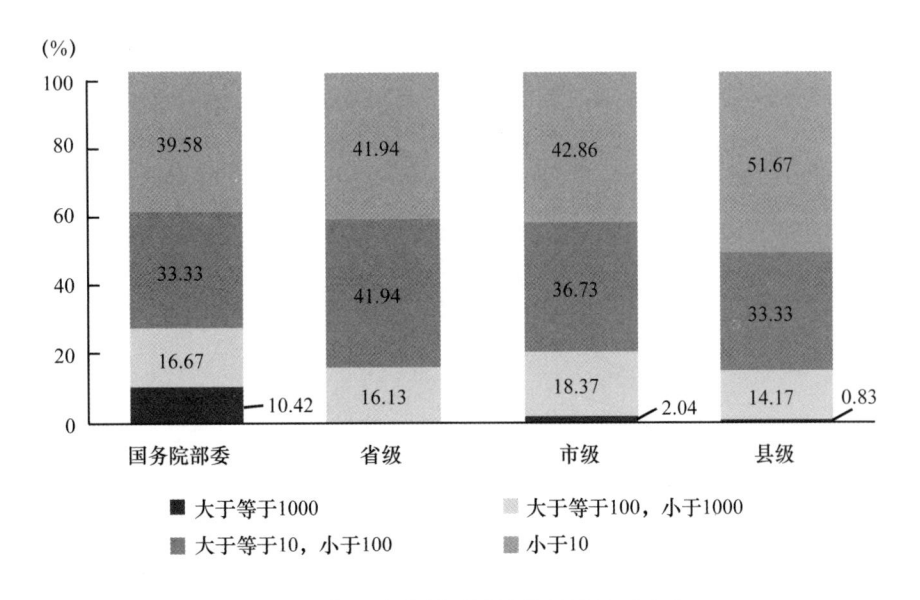

图 2-4　各级政府错误链接数量量级百分比

站错误链接数超过10条。其中，大于等于1000条的有5家国务院部门（占10.42%）、1家较大的市政府（占2.04%）、1家县（市、区）政府（占0.83%）。

此外，截至 2022 年 11 月 20 日，省、市、县（市、区）政府建设完成行政执法统一公示平台的评估对象较上年度同比增长 5.00%，但仍有 53 家评估对象未建设行政执法统一公示平台。运营维护方面，部分行政执法平台存在链接失效、跳转不佳、信息长期未更新、执法信息发布不齐全或整体信息类型单一等问题。

三　部分领域公开情况

（一）权力清单公开

权力清单就是对各级政府及其所属工作部门掌握的各项公共权力进行全面统计，并将权力的列表清单公之于众，主动接受社会监督。政府晒出权力清单，有利于促进政府规范行政权力，防范行政权力滥用，维护广大人民群众的合法权益，提高政府公信力，从而促进民主法治建设进程。

中共中央办公厅、国务院办公厅印发的《关于推行地方各级政府工作部门权力清单制度的指导意见》中要求，各省（自治区、直辖市）政府可参照行政许可、行政处罚、行政强制、行政征收、行政给付、行政检查、行政确认、行政奖励、行政裁决和其他类别的分类方式，结合本地实际，制定统一规范的分类标准，明确梳理的政策要求，汇总形成部门行政职权目录；地方各级政府对其工作部门经过确认保留的行政职权，除保密事项外，要以清单形式将每项职权的名称、编码、类型、依据、行使主体、流程图和监督方式等，及时在政府网站等载体公布。

项目组考察了权力清单不涉密的47家国务院部门、31家省级政府、49家较大的市政府、120家县（市、区）政府2022年权力清单的发布及更新情况。其中，对国务院部门主要考察权力清单及监管规则标准的发布情况；对省、市、县（市、区）政府主要考察权力清单的发布及内容的更新情况。

1. 评估发现的亮点

（1）各级政府权力清单全面公开

31家省级政府、49家较大的市政府、120家县（市、区）政府均公开了本级政府权力清单。其中，有13家省级政府、16家较大的市政府、41家县（市、区）政府在门户网站直接发布了近两年的权力清单；17家省级政府、32家较大的市政府、77家县（市、区）政府在政务服务网公开了近两年权力清单；甘肃省、甘肃省兰州市、贵州省黔西南布依族苗族自治州贞丰县、湖南省长沙市雨花区发布了2021年以前版本权力清单。

（2）监管规则和标准公开比例较高

在48家国务院部门中，有41家评估对象制定并公开了全国统一、简明易行的监管规则和标准，占比为85.42%。例如，中国民用航空局发布了《通用航空市场监管手册》；国家金融监督管理总局发布了《意外伤害保险业务监管办法》《银行保险机构大股东行为监管办法（试行）》；国家税务总局发布了《涉税专业服务监管办法（试行）》。

（3）部分权力清单公开形式值得推广

北京市权力清单主体划分明确，市人民政府门户网站"阳光政务"板块中开设"行政权力清单"专栏，按照权力主体分别设置"市级独有权力清单""市区共有权力清单""区级独有权力清单"栏目。

福建省权力清单集成公开，"福建省网上办事大厅"设置"清单公开—权责清单"栏目下集中公开了省、市、县区、乡镇四级权力清单。

湖南省权力清单要素完整，省政务服务平台中公开的各部门权力清单明确了"职权名称""职权类型""职权依据""基本编码"，并将各权力事项主体明确到相关处室。

2. 评估发现的问题

（1）国务院部门权力清单发布情况仍不理想

一是近两年权力清单公开比例较低。权力清单不涉密的47家国务院部门中，有36家评估对象未发布权力清单，占76.60%；5家评估对象公开的权力清单为2021年以前版本；1家评估对象的"权力清单"栏目无法访问。

二是权力清单有待规范。1家评估对象的"权力清单"栏目下仅公开了行政许可事项；1家评估对象的"行政权力事项总目录""部门行政权力事项目录"中仅发布了具体行政审批事项、行政处罚决定书，未公开完整、规范的权力清单。

（2）权力清单动态调整不及时

中共中央办公厅、国务院办公厅印发的《关于推行地方各级政府工作部门权力清单制度的指导意见》中要求，建立健全权力清单动态管理机制，权力清单公布后，要根据法律法规立改废释情况、机构和职能调整情况等，及时调整权力清单，并向社会公布。据此，在《疫苗管理法》《中共中央 国务院关于优化生育政策促进人口长期均衡发展的决定》《民法典》《生猪屠宰管理条例》《种子法》《噪声污染防治法》出台或修订后，项目组考察了省、市、县（市、区）政府相关权力事项的调整情况，其中，对于《中共中央 国务院关于优化生育政策促进人口长期均衡发展的决定》中"取消生育第三个子女的社会抚养费征收"的调整情况仅考察县（市、区）政府。

根据《国务院关于修改和废止部分行政法规的决

定》（中华人民共和国国务院令第 726 号），《疫苗流通和预防接种管理条例》已于 2020 年 3 月 27 日废止。19 家省级政府、33 家较大的市政府、93 家县（市、区）政府的卫生健康部门权力清单中仍然存在《疫苗流通和预防接种管理条例》未及时调整为《疫苗管理法》的情况。

自《民法典》2021 年 1 月 1 日施行起，《婚姻法》《继承法》《民法通则》《收养法》《担保法》《合同法》《物权法》《侵权责任法》《民法总则》同时废止。16 家省级政府、31 家较大的市政府、64 家县（市、区）政府的民政部门权力清单中仍存在部分权力事项的文件依据为《收养法》《民法通则》《民法总则》或《继承法》的情况；13 家省级政府、28 家较大的市政府、77 家县（市、区）政府的自然资源部门或市场监督管理部门权力清单中仍存在部分权力事项的文件依据为《物权法》或《担保法》的情况。

《生猪屠宰管理条例》第四次修订后于 2021 年 8 月 1 日实施，加大了对部分生猪屠宰违法行为的处罚力度。7 家省级政府、24 家较大的市政府、45 家县（市、区）政府的农业农村部门权力清单中未更新对"未经定点从事生猪屠宰活动"和"生猪定点屠宰厂（场）出厂（场）未经肉品品质检验或者经肉品品质检验不合格的生猪产品"违法行为的处罚力度的内容。

新修订的《种子法》于2022年3月1日起施行，对"生产经营劣种子"违法行为的执法单位名称、行政处罚裁量标准进行了调整，调整为"生产经营劣种子的，由县级以上人民政府农业农村、林业草原主管部门责令停止生产经营，没收违法所得和种子；违法生产经营的货值金额不足二万元的，并处一万元以上十万元以下罚款；货值金额二万元以上的，并处货值金额五倍以上十倍以下罚款；情节严重的，吊销种子生产经营许可证"。31家省级政府、49家较大的市政府、120家县（市、区）政府中，仅4家较大的市政府、15家县（市、区）政府的农业农村部门或林业草原部门权力清单中更新了相关内容。

2022年6月5日起施行的《噪声污染防治法》中规定了对超标排放工业噪音、建筑物隔声设计不达标的行政处罚。31家省级政府、49家较大的市政府、120家县（市、区）政府中，除个别地方住房和城乡建设部门未公开权力清单或无处罚权外，其余评估对象均未在权力清单中增加"对建设单位建设噪声敏感建筑物不符合民用建筑隔声设计相关标准要求的行政处罚"；仅1家省级政府、5家较大的市政府、15家县（市、区）政府的生态环境部门在权力清单中增加"对无排污许可证或者超过噪声排放标准排放工业噪声的行政处罚"。

2021年6月26日公布的《中共中央 国务院关于优化生育政策促进人口长期均衡发展的决定》中取消征收生育第三个子女的社会抚养费。120家县（市、区）政府的卫生健康主管部门中，仍有40家评估对象权力清单中尚未取消对"生育第三个子女社会抚养费征收"。

（二）政务服务信息公开

《国务院关于加快推进"互联网＋政务服务"工作的指导意见》指出，推进"互联网＋政务服务"，是贯彻落实党中央、国务院决策部署，把简政放权、放管结合、优化服务改革推向纵深的关键环节，对加快转变政府职能，提高政府服务效率和透明度，便利群众办事创业，进一步激发市场活力和社会创造力具有重要意义。

项目组考察了对外有政务服务事项的45家国务院部门、31家省级政府、49家较大的市政府和120家县（市、区）政府的政务服务信息公开情况。主要考察政务服务事项目录、政务服务事项办事指南、保留的证明事项清单，对省级、市级、县（市、区）政府还考察了"全生命周期"办事服务事项集中展示、外商投资企业投诉信息公开，对县（市、区）政府还考察了不动产登记的集成办理时间和拖延农民工工资的举报投诉渠道的情况。

1. 评估发现的亮点

(1) 政务服务事项目录公开情况较好

42家国务院部门、31家省级政府、49家较大的市政府和120家县（市、区）政府公开了政务服务事项目录，公开比例达98.78%。

(2)"全生命周期"办事服务专栏开设情况良好

国务院办公厅关于印发的《2019年政务公开工作要点》中指出，要推行市场主体和个人"全生命周期"的办事服务事项集成式、一站式公开。

一是专栏开设比例较高。27家省级政府、41家市级政府、120家县（市、区）政府政务服务网中开设了市场主体（企业）"全生命周期"办事服务专栏，开设比例达94.00%；25家省级政府、41家市级政府、117家县（市、区）政府政务服务网中开设了个人"全生命周期"办事服务专栏，开设比例达91.50%。

二是部分评估对象专栏分类清晰、事项涵盖广泛。例如北京市政务服务网"个人服务—生命周期分类"专栏下设置"升学""工作""购房""结婚""生育""失业""创业""迁居""退休""后事""其他"共11个栏目，涵盖545个服务事项；"法人服务—生命周期分类"专栏下设置"开办企业""申请资质""投资立项""扩大生产""引进人才""办理社保""申请专利""纳税缴费""申请贷款""申请破产""其他"11个栏目，共涵盖1298个服务事项。

(3) 省级外商投资企业投诉渠道畅通

公开外商投资企业投诉渠道及相关信息，对于保护外商投资合法权益、持续优化外商投资环境具有重要作用。《外商投资企业投诉工作办法》要求，各级投诉工作机构应当公布其地址、电话和传真号码、电子邮箱、网站等信息，便利投诉人提出投诉事项。

31家省级政府中，有29家评估对象公开了外商投资企业投诉服务信息，其中28家评估对象信息公开完整，包含外商投资企业投诉的工作规则、投诉方式、处理期限。

2. 评估发现的问题

(1) 国务院部门政务服务指南有待完善

一是政务服务指南未全面公开。在国务院部门中，有3家评估对象未公开政务服务事项办事指南。

二是政务服务指南内容不完整。公开政务服务指南的42家国务院部门中，1家评估对象办事指南中仅列示了依据的法律法规名称，未明确具体条款；1家评估对象办事指南中未明确特定审批事项的申报条件；

6家评估对象的办事指南中申报条件不明确（存在"等""其他"此类模糊表述）；9家评估对象申报材料不明确，存在"其他材料""相关材料"；分别有16家、17家评估对象申请表/书类材料未提供空白表格（或格式文本）、填报说明（或填写参照文本），2家评估对象提供的空白表格（或格式文本）、填报说明（或填写参照文本）无法显示；4家评估对象未明确办理地点；2家评估对象未明确办理流程；2家评估对象未提供联系方式。

三是多渠道公开的政务服务指南不一致。31家评估对象在国家政务服务网"直通国务院部门""国务院部门服务窗口"或部门网站中公开的政务服务事项办事指南内容不一致。例如，某部门户网站与国家政务服务网站公布的特定事项办事指南中办理依据、办理流程不一致，国家政务服务网中办理流程显示"暂不提供"。

（2）省级政府政务服务指南公开不完善

《中华人民共和国税收征收管理法》规定，增值税专用发票由国务院税务主管部门指定的企业印制；其他发票，按照国务院税务主管部门的规定，分别由省、自治区、直辖市国家税务局、地方税务局指定企业印制。本次针对31家省级政府，统一考察"企业印制发票审批"事项的办事指南。主要存在以下两方面问题。

一是公开比例不高。31家省级政府中，有7家评估对象未公开"企业印制发票审批"事项的办事指南，公开比例仅为77.42%。二是指南内容有待完善。5家评估对象申报材料存在兜底性表述；4家评估对象申请表/书类材料未提供空白表格或格式文本；5家评估对象申请表/书类材料未提供填报说明或填写参照文本；3家评估对象办事指南中未包含办理地点，1家评估对象未明确具体办事地址；有2家评估对象未明确办理流程，1家未明确办理期限，2家未明确收费标准，3家未明确联系方式。

（3）市、县（市、区）政府政务服务指南公开情况不理想

对于49家较大的市政府、120家县（市、区）政府，统一考察"离退休老人投靠子女进本地入非农业户口"事项的办事指南。其中30家较大的市政府和43家县（市、区）政府政府服务网站中未发布该办事指南，整体公开比例仅为56.80%。

公开"离退休老人投靠子女进本地入非农业户口"事项办事指南的19家较大的市政府和77家县（市、区）政府中，有7家评估对象未列示该事项的办理依据；6家评估对象的办理依据不明确，未列示所依据法律法规的条款数或具体内容；1家评估对象办事指南中申报材料不明确，存在兜底性表述（如"相关准迁证明材料");13家评估对象申请表/书类材料未提供空白表格或格式文本;24家评估对象申请表/书类材料未提供填报说明或填写参照文本;5家评估对象办事指南中未包含办理地点,15家评估对象办理地点不够明确;分别有2家、5家、5家、7家、12家评估对象办事指南中缺少申报条件、办理流程、办理期限、收费标准、联系方式。

(4)保留的证明事项清单有待进一步完善、公开

《国务院办公厅关于做好证明事项清理工作的通知》要求,根据各地区、各部门的建议,对确需保留的证明事项,组织各地区、各部门公布清单,逐项列明设定依据、开具单位、办理指南等,清单之外,政府部门、公用事业单位和服务机构不得索要证明。

一是证明事项清单公开情况不理想。对外有政务服务事项的45家国务院部门、31家省级政府、49家较大的市政府和120家县(市、区)政府中,仅145家评估对象公开了保留的证明事项,其中22家国务院部门保留的证明事项清单均为征求意见稿,未发布正式版本;大部分评估对象保留的证明事项清单为2021年及以前年份版本,未及时更新。

二是清单要素不完整。公开保留的证明事项清单的145家评估对象中,有3家国务院部门、8家省级政府、15家较大的市政府、31家县(市、区)政府的清单中缺少设定依据、索要单位或开具单位。

（5）市、县（市、区）政府外商投资企业投诉渠道公开较差

17家较大的市政府、95家县（市、区）政府未发布外商投资企业投诉相关信息；24家评估对象公开外商投资企业投诉信息内容不全面，例如有1家评估对象仅发布了外商投资企业投诉方式，未发布投诉工作规则和处理期限；1家评估对象仅在政务服务网"外来投资企业咨询和投诉"事项办事指南中公开了投诉方式、处理期限，未明确具体工作规则。

（6）不动产登记集成办理时间公开较差

国务院办公厅印发的《关于压缩不动产登记办理时间的通知》要求，2020年年底前，不动产登记数据完善，所有市县不动产登记需要使用有关部门信息的全部共享到位，"互联网+不动产登记"在地级及以上城市全面实施，全国所有市县一般登记、抵押登记业务办理时间力争全部压缩至5个工作日以内。

120家县（市、区）政府中，有43家评估对象未在政务服务网中开设不动产登记集成办理栏目；42家评估对象未公开单项环节的办理时间；2家评估对象仅公开单项环节办理时间，未明确集成办理时间。

（7）拖延农民工工资投诉渠道有待进一步畅通

《保障农民工工资支付条例》规定，被拖欠工资的农民工有权依法投诉，或者申请劳动争议调解仲裁和提起诉讼；任何单位和个人对拖欠农民工工资的行为，有权向人力资源社会保障行政部门或者其他有关部门举报；人力资源社会保障行政部门和其他有关部门应当公开举报投诉电话、网站等渠道，依法接受对拖欠农民工工资行为的举报、投诉；对于举报、投诉的处理实行首问负责制，属于本部门受理的，应当依法及时处理；不属于本部门受理的，应当及时转送相关部门，相关部门应当依法及时处理，并将处理结果告知举报、投诉人。

120家县（市、区）政府中，有79家评估对象未公开对于拖延农民工工资行为的投诉渠道，占比达65.83%，农民工维权途径不够透明。

（三）"双随机、一公开"监管信息公开

"双随机、一公开"监管是监管方式改革创新的重要举措，对于优化营商环境具有重要意义。将监管事项全部纳入随机抽查事项清单，"进一次门，查多项事"，减少对企业正常生产经营活动的过多检查，有利于营造公平竞争的市场环境。

《国务院关于在市场监管领域全面推行部门联合"双随机、一公开"监管的意见》要求，各省（区、市）人民政府要以国家企业信用信息公示系统和全国信用信息共享平台等为依托，建设本辖区统一的"双随机、一公开"监管工作平台（以下称"省级平台"），为抽查检查、结果集中统一公示和综合运用提供技术支撑；各有关部门要依照法律、法规、规章规定，建立本部门随机抽查事项清单，明确抽查依据、主体、内容、方式等；随机抽查事项清单应根据法律、法规、规章立改废释和工作实际情况等进行动态调整，并及时通过相关网站和平台向社会公开；按照"谁检查、谁录入、谁公开"的原则，将抽查检查结果通过国家企业信用信息公示系统和全国信用信息共享平台等进行公示，接受社会监督。

项目组考察了41家具有"双随机、一公开"监管职能的国务院部门、31家省级政府、49家较大的市政府、120家县（市、区）政府"双随机、一公开"监管信息的公开情况，考察内容为："双随机、一公开"信息公开栏目设置情况、随机抽查事项清单发布和质量情况、2022年随机抽查结果和查处信息公开情况。其中，项目组对省、市、县（市、区）政府考察随机抽查事项清单、随机抽查结果和查处信息公开情况时，统一抽取其所属生态环境部门进行评估。

1. 评估发现的亮点

(1) 部分省级平台建设完备

《国务院关于在市场监管领域全面推行部门联合"双随机、一公开"监管的意见》还要求,在建设省级平台过程中,将各地已经建设并使用的工作平台要与省级平台整合融合,避免数据重复录入、多头报送;部门相关监管信息通过省级平台实现互联互通,满足部门联合"双随机、一公开"抽查需求。

部分省级政府已基本实现全省监管信息的互联互通。例如,江西省行政执法服务网"信息公开"专栏设置"检查事项清单""检查人员""检查计划""检查任务""检查结果"栏目,并提供地区筛选功能,全面归集了省、市、县级相关部门"双随机、一公开"监管信息,集约化程度较高;浙江省政务服务网"双随机检查公开"专栏下集中公开了省、市、县级相关部门抽查事项、实施细则、抽查计划、抽查任务、抽查结果等信息,将单部门、跨部门检查信息分类,同时实现监管信息的分领域筛选。

(2) 随机抽查事项清单公开情况良好

41家具有"双随机、一公开"监管职能的国务院部门中,有25家评估对象公开了本部门随机抽查事项清单;31家省级政府、49家较大的市政府、120家县

（市、区）政府中，有150家评估对象集中发布了本级政府监管部门的随机抽查事项清单，占比为75.00%，其中80.67%的评估对象详细公布了所属各个部门的随机抽查事项清单。

2. 评估发现的问题

(1)"双随机、一公开"专栏开设比例不高

41家国务院部门、31家省级政府、49家较大的市政府、120家县（市、区）政府中，有99家评估对象未在门户网站中开设专栏集中公开双随机监管信息，占比为41.08%。

(2)随机抽查事项清单内容有待完善

公开随机抽查事项清单的25家国务院部门以及23家省级政府、36家较大的市政府、96家县（市、区）政府的生态环境部门中，分别有8家、4家、12家、47家评估对象未在随机抽查事项清单中明确抽查依据、抽查主体、抽查方式。

(3)监管结果公开情况不理想

36家国务院部门和20家省级政府、9家较大的市政府、36家县（市、区）政府的生态环境部门未在部门网站、政府网站或国家企业信用信息公示系统中发布2022年开展"双随机、一公开"监管的抽查结果和查处情况；1家省级政府、3家较大的市政府和4家县

（市、区）政府的生态环境部门仅公开了2022年度随机抽查结果，未发布查处情况。

（四）行政处罚信息公开

行政处罚信息公开，就是将行政机关的行政行为置于"阳光"之下，一方面可以促使行政机关依法办事，另一方面可以起到警示与教育的作用，既可以对违法者进行威慑，也可以对社会大众进行教育，预防类似违法行为的发生。

国务院办公厅印发的《关于全面推行行政执法公示制度执法全过程记录制度重大执法决定法制审核制度的指导意见》要求，行政许可、行政处罚的执法决定信息要在执法决定作出之日起7个工作日内公开，但法律、行政法规另有规定的除外。《国家发展改革委办公厅 国家市场监管总局办公厅关于更新调整行政许可和行政处罚等信用信息数据归集公示标准的通知》中规定了行政处罚信息公示内容的标准，包含处罚者信息、主要违法事实、处罚依据、处罚结果等要素。

据此，项目组对37家有行政处罚权的国务院部门、31家省级政府、49家较大的市政府、120家县（市、区）政府行政处罚信息公开情况进行了考察，考察内容包括：2022年行政处罚信息公开是否及时

（自作出行政决定之日起 7 个工作日内上网）、2022 年行政处罚信息公开要素是否完整（包括被处罚者信息、主要违法事实、处罚依据、处罚结果）。其中，对各级地方政府，统一考察本级市场监督管理部门的行政处罚信息。

1. 评估发现的亮点

（1）地方市场监督管理部门行政处罚信息公开比例较高

31 家省级政府、49 家较大的市政府、120 家县（市、区）政府的市场监督管理部门中，有 181 家评估对象公开了 2022 年作出的行政处罚决定信息，占比达 90.50%。

（2）部分行政处罚信息公开专栏配置较完善

部分地区行政处罚信息集成公开查询便捷。例如，浙江省政务服务网开设"行政处罚结果信息公开"专栏，归集公开省、市、县级各部门行政处罚信息，专栏中提供处罚决定书文号、案件名称、被处罚对象名称 3 种查询方式，且可以按处罚部门、处罚日期、处罚对象类别（个人、法人、其他 3 种）进行筛选，集成化、便捷化程度较高。

（3）个人信息保护工作较为到位

公开 2022 年行政处罚结果的 9 家国务院部门以及

23家省级政府、44家较大的市政府、114家县（市、区）政府的市场监督管理部门中，99.47%的评估对象对处罚结果中的个人隐私信息进行了技术处理。

2. 评估发现的问题

（1）国务院部门行政处罚信息公开情况不理想

37家有行政处罚权的国务院部门中，有28家评估对象未公示2022年作出的行政处罚结果信息，占比达75.68%。

（2）行政处罚信息公开不规范

一是部分评估对象存在处罚决定日期不明确、公示日期不明确、公开不及时的问题。公开2022年行政处罚结果的9家国务院部门以及23家省级政府、44家较大的市政府、114家县（市、区）政府的市场监督管理部门中，有52家评估对象未明确处罚结果的公示日期；3家评估对象未明确行政处罚决定作出日期；32家评估对象的行政处罚结果未在作出行政决定后7个工作日内及时公开。

二是少数评估对象处罚信息要素公示不完整。如1家评估对象的市场监督管理局2022年行政处罚信息中缺少被处罚者信息；3家较大的市政府、2家县（市、区）政府的市场监督管理部门行政处罚信息中未明确主要违法事实；3家省级政府、1家较大的市政府、6

家县（市、区）政府的市场监督管理部门行政处罚信息中未明确处罚依据；4家县（市、区）政府的市场监督管理部门行政处罚信息中未明确处罚结果，如1家评估对象的市场监督管理局行政处罚信息中未明确具体罚款金额。

三是个别评估对象多平台处罚信息公开不一致。例如，有1家评估对象相同文号的处罚决定在不同平台显示的处罚决定日期不一致；有1家评估对象在"信用信息（双公示）"栏目下发布的"对某花生油坊的处罚"信息未在该地的信用平台中同步发布。

（五）反垄断与反不正当竞争执法信息公开

反垄断和反不正当竞争执法是规范市场行为，维护市场秩序的重要保证，有助于保护经营者、消费者的合法权益和国家利益。加大反垄断与反不正当竞争执法信息公开力度，有利于震慑、预防、制止垄断与不正当竞争行为，鼓励和保护公平竞争，充分发挥竞争机制的积极作用，促进社会主义市场经济的健康发展。

《法治政府建设实施纲要（2021—2025年）》要

求,加强和改进反垄断与反不正当竞争执法。《国务院办公厅关于印发2022年政务公开工作要点的通知》要求,持续推进反垄断和反不正当竞争执法信息公开工作,为各类市场主体规范健康发展营造诚信守法、公平竞争的市场环境。

因此,项目组对31家省级政府、49家较大的市政府以及120家县(市、区)政府反不正当竞争执法信息公开情况进行了考察,对31家省级政府反垄断执法信息公开情况进行了考察。

1. 评估发现的亮点

部分政府开展专项行动,助力反垄断反不正当竞争贯彻到底。如河北省发布"重点排查11类线索 河北开展重点领域反垄断专项行动"信息,广西壮族自治区发布"广西开展反不正当竞争专项执法行动"信息。

部分政府总结反垄断反不正当竞争案例,开展以案释法相关工作。如海南省公开2022年反不正当竞争执法典型案例,福建省公布2022年第一批反不正当竞争执法典型案例等。

部分政府定期总结反不正当竞争执法工作。如贵阳市发布市场监管系统反不正当竞争与直销监管工作2022年2月工作情况,宿州市灵璧县公布市场监督管理局2022年反垄断和不正当竞争第一季度工作小结。

2. 评估发现的问题

（1）反垄断执法情况公开不佳

31家省级政府中，有20家评估对象未公开2022年本级开展的反垄断执法活动信息，占比达64.52%。

（2）反不正当竞争执法开展仍不够广泛

31家省级政府中，有22家评估对象未公开本级开展的反不正当竞争执法信息；49家较大的市政府中，有13家评估对象未公开本级开展的反不正当竞争执法信息；120家县（市、区）政府中，有45家评估对象未公开本级开展的反不正当竞争执法活动。

（六）行政执法统一公示平台建设公开

行政执法公示制度作为行政执法"三项制度"之一，重在打造阳光政府，通过及时主动公开执法信息，让行政执法在阳光下运行，自觉接受群众监督。行政执法统一公示平台是有力贯彻行政执法公示制度的重要媒介。规范建立起省、市、县各级各地区行政执法公示平台，已成为提高政府治理效能的重要抓手，也是加强执法监督管理的不二法门。

国务院办公厅印发的《关于全面推行行政执法公

示制度执法全过程记录制度重大执法决定法制审核制度的指导意见》提出,要大力推进行政执法综合管理监督信息系统建设,充分利用已有信息系统和数据资源,逐步构建操作信息化、文书数据化、过程痕迹化、责任明晰化、监督严密化、分析可量化的行政执法信息化体系,做到执法信息网上录入、执法程序网上流转、执法活动网上监督、执法决定实时推送、执法信息统一公示、执法信息网上查询,实现对行政执法活动的即时性、过程性、系统性管理;认真梳理涉及各类行政执法的基础数据,建立以行政执法主体信息、权责清单信息、办案信息、监督信息和统计分析信息等为主要内容的全国行政执法信息资源库,逐步形成集数据储存、共享功能于一体的行政执法数据中心。

因此,项目组对31家省级政府、49家较大的市政府、120家县(市、区)政府网站的行政执法统一公示平台建设情况进行了考察。

1. 评估发现亮点

(1) 部分省份行政执法统一公示平台建设越发健全

地方信息归集完备,执法基本信息公开全面。如河北省行政执法公示平台,公示内容包含从省级至县级所有政府单位的执法主体、执法流程等事前公开信息,以及行政处罚、行政许可、行政强制结果等事后公开信息，且公开时间较及时；广东省行政执法信息公示平台增加清单信息公开，将"随机抽查事项清单""行政执法全过程记录清单""重大行政执法决定法制审核清单""权力与责任清单"一并纳入平台公示。

（2）平台公开的行政执法监督信息类型更加丰富

部分评估对象在政府门户网站、司法行政部门网站或政务服务平台设置的行政执法信息公开类专栏专题，信息归集完备，执法情况以"执法监督"栏目命名，如乐清县人民政府的"执法监督领域基层政务公开专栏"、昆山市人民政府开设的"行政执法监督"栏目。部分评估对象行政执法统一公示平台中执法监督信息种类更加丰富，如广东省行政执法信息公示平台公开了"复议监督""投诉举报"两类监督信息，浙江省宁波市余姚市"行政执法"栏目下公开了行政复议决定书等信息。

2. 评估发现问题

（1）行政执法统一公示平台建设推进缓慢

在31家省级政府、49家较大的市政府和120家县（市、区）政府中，分别有19家、38家和90家评估对象在政府门户网站、司法行政部门网站或政务服务平台设置了行政执法信息公开专栏专题，与此同时，仍有多达 12 家省级政府、11 家较大的市政府、30 家县（市、区）政府未建设相关平台。

（2）部分行政执法平台功能不完善、维护不及时

多地政府门户网站、司法行政部门网站虽开设有本地区执法部门行政执法信息公开平台或栏目，但依然存在公开内容不全面、数据更新不及时的情况。如有 1 家评估对象的政府门户网站"市场监管"栏目内虽公开了各部门双随机一公开"一单两库一细则"、负面清单、随机抽查事项清单，但 2022 年以来未更新检查结果信息。

（七）行政执法统计年报公开

行政执法统计年报是对地区年度执法情况的总结性汇报，对于厘清各行政执法机关年度执法情况具有重要意义，对严格规范公正文明执法、阳光执法将起到重要推动作用。

国务院办公厅印发的《关于全面推行行政执法公示制度执法全过程记录制度重大执法决定法制审核制度的指导意见》要求加强行政执法事后公开，建立行政执法统计年报制度，地方各级行政执法机关应当于每年 1 月 31 日前公开本机关上年度行政执法总体情况有关数据，并报本级人民政府和上级主管部门。

因此，项目组对31家省级政府、49家较大的市政府、120家县（市、区）政府生态环境部门的行政执法统计年报公开情况进行了考察。考察内容主要为是否在1月31日前公开2021年度行政执法统计年报，行政执法统计年报内容是否完整。

1. 评估发现亮点

部分地区基本建立起统一的行政执法统计年报格式，例如，北京市及其辖区从"机关的执法主体名称和数量情况""执法主体的执法岗位设置情况""执法力量投入情况""政务服务事项的办理情况""执法检查计划执行情况""行政处罚、行政强制等案件的办理情况""投诉、举报案件的受理和分类办理情况"七个方面进行了系统全面的统计。

2. 评估发现问题

（1）行政执法统计年报公开比例较低

在200家评估对象中，仅有10家省级政府、19家较大的市政府、48家县（市、区）政府的生态环境部门在政府门户网站或者部门网站公开了2021年行政执法统计年报，总体公开比例仅占38.50%，较上年度抽查的应急管理部门行政执法统计年报总体公开比例有所降低。

（2）行政执法统计年报公开时效性不佳

77家公开了行政执法统计年报的生态环境部门中，有8家未在2022年1月31日前公开，18家未明确发布时间。存在公开时效性不佳的问题。

（八）各类规划信息公开

制定各类规划是促进社会经济发展的重要手段，可以最大限度地平衡地区产业发展，释放积极信号，以规划携政策，促发展；从产业布局、生态布局、业务布局等多方面引导群众参与地区建设。多渠道公开各类规划，接续迈步社会主义道路，让人民成为真正的知情者、获益者。

《中华人民共和国政府信息公开条例》要求行政机关应当主动公开国民经济和社会发展规划、专项规划、区域规划及相关政策。国务院办公厅印发《2021年政务公开工作要点》要求，做好各类规划主动公开，县级以上各级人民政府要主动公开国民经济和社会发展第十四个五年规划纲要、国土空间规划、专项规划和区域规划等，做好历史规划（计划）的归集整理和主动公开工作，充分展示"一张蓝图绘到底"的接续奋斗历程；加强数据互联互通工作，中国政府网以适当方式归集整理省级政府网站主动公开的规划，全面展示定位准确、边界清晰、功能互补、统一衔接的国家规划体系，更好地引导全社会关心支持规划实施工作。

因此，项目组对31家省级政府、49家较大的市政府、120家县（市、区）政府现行有效的各类规划（国民经济和社会发展第十四个五年规划纲要、国土空间规划、专项规划和区域规划）、历史规划（国民经济和社会发展第十个到第十三个五年规划及完成情况）的发布情况进行考察；对31家省级政府还考察了国民经济和社会发展第十四个五年规划、国土空间规划推送至中国政府网归集展示情况。

1. 评估发现的亮点

（1）多地国土空间总体规划制发持续推进中

自2019年自然资源部发布《自然资源部关于全面开展国土空间规划工作的通知》，2020年出台《市级国土空间总体规划编制指南（试行）》昭示着国土空间规划已提上地区发展进程，2021年自然资源部办公厅关于印发《省级国土空间规划成果数据汇交要求（试行）》的通知，督促省级政府国土空间规划开展落实；四川省和北京市、湖南省长沙市、上海市金山区、山东省威海市荣成市、北京市海淀区等12家评估对象已率先公开国土空间规划，甘肃省、云南省、贵州省、山西省、吉林省长春市、广东省惠州市博罗县、广东省佛山市顺德区、浙江省嘉兴市海宁市等地已公开国土空间规划草案征求意见稿，待进一步完善和定稿。

（2）国民经济和社会发展第十四个五年规划纲要公开全面

31家省（自治区、直辖市）政府均已发布国民经济和社会发展第十四个五年规划，并推送至中国政府网进行归集展示，整体公开比例达100%；49家较大的市政府全部公开了"十四五"规划文本；120家县（市、区）政府中，有2家评估对象暂未公布国民经济和社会发展"十四五"规划文本，其他地区都已明确发布；整体公开比例为99.00%。

2. 评估发现的问题

（1）区域规划整体公开比例不高

在31家省级政府、49家较大的市政府、120家县（市、区）政府中，有28家省级政府、38家较大的市政府、49家县（市、区）政府公开了本地区区域规划文本，总体公开比例为57.50%，仍有较大提升空间。

（2）历史规划信息归集公开情况较差

15家省级政府"十三五"及以前的国民经济和社会发展规划未在政府网站归集公开，历史规划的完成情况不明，占比达到48.39%；79.59%的较大的市政府国民经济和社会发展第十个到第十三个五年规划及完成情况未主动全面公开，其中有1家评估对象未公开任何历史规划信息；102家县（市、区）政府网站中缺少"第十个五年规划"文本，57家县（市、区）政府未公开"十一五"规划纲要及"十五"规划的完成情况，35家县（市、区）政府缺少"十二五"规划文本和"十一五"规划完成情况，18家县（市、区）政府未发布"十三五"规划文本和"十二五"规划完成情况。

（九）财政预决算信息公开

财政预决算公开是政府管理的内在要求。新型财政管理倡导建立以公众为中心的政府管理理念，鼓励财政决策为公众提供更大的透明度、更全面的信息和更多的参与渠道。只有坚持公众对财政决策的最终评判权，公开财政预决算信息，才能有效灵活地运用财政预决算，带动中央到地方经济发展。

《中华人民共和国预算法实施条例》要求，各部门所属单位的预算、决算及报表，应当在部门批复后20日内由单位向社会公开；单位预算、决算应当公开基本支出和项目支出；单位预算、决算支出按其功能分类应当公开到项；按其经济性质分类，基本支出应当公开到款。

据此，项目组考察了 31 家省级政府、49 家较大的市政府、120 家县（市、区）政府教育主管部门所属单位的 2022 年财政预算、2021 年财政决算信息及相关报表的公开情况。

1. 评估发现的亮点
（1）财政预算信息公开情况较好

30 家省级政府、49 家较大的市政府、112 家县（市、区）政府教育主管部门所属单位 2022 年财政预算均做到及时有效公开，占比分别为 96.77%、100%、93.33%。

（2）财政预决算公开平台建设完备

各省级政府财政预决算公开栏目均已建设完备，实现不同程度的归集展示。如北京市教育委员会所属单位 2022 年预算公开专栏、2021 年决算公开专栏，完整归集了"北京市教育委员会本级""市属高校""中等职业学校""直属事业单位"信息，一年度一网页一归集，内容全面，查询便捷。上海市财政公开平台、湖北省省级预决算信息公开平台、湖南财政预算公开平台、江苏省预决算公开统一平台等推动财政预决算信息更加透明化、集中化。

2. 评估发现的问题
（1）财政预决算公开形式未实现直观统一

通过对比 200 家教育主管部门所属单位预决算信

息发现，预决算信息在公开形式、内容上良莠不齐。15家省级政府、21家较大的市政府、43家县（市、区）政府教育主管部门所属单位预决算信息仅以附件形式公开，信息展示不直观，总占比达到39.50%；其中部分财政预决算仅提供压缩包、Word文档、Excel表格等下载方式，无PDF格式和网页文字展示，不便于查询浏览。

（2）财政决算信息不够透明

有3家省级政府教育主管部门所属单位2021年财政决算报告截至2022年12月31日仍未公开；49家较大的市中，有7家评估对象的教育主管部门所属单位未公开2021年财政决算信息；120家县（市、区）中，有18家教育主管部门所属单位未发布2021年决算说明及报表信息。

（十）地方政府债务信息公开

地方政府债务信息公开，有利于中央政府、纳税人和债券投资者对地方政府融资和投资行为的监督，从而促使地方政府更好地提高资金使用效率，在投融资上更加谨慎，以促进地方财政健康可持续发展。

财政部印发的《地方政府债务信息公开办法（试行）》指出，地方政府债务信息公开应当坚持以公开为常态，不公开为例外，坚持谁制作、谁负责、谁公开，坚持突出重点，真实、准确、完整、及时公开，坚持以公开促改革、以公开促规范，推进国家治理体系和治理能力现代化等原则；县级以上地方各级财政部门应当随同预决算公开地方政府债务限额、余额、使用安排及还本付息等信息；预决算公开范围的地方政府债务限额、余额、使用安排及还本付息等信息应当在地方政府及财政部门门户网站公开，财政部门未设立门户网站的，应当在本级政府门户网站设立专栏公开。

项目组对31家省级政府、49家较大的市政府、120家县（市、区）政府的政府债务领域信息公开情况进行了评估，主要考察专栏设置情况，政府债务限额、余额决算数，政府债券还本、付息、使用安排决算数，政府债务品种、期限、利率、偿还计划、偿债资金来源，以及省级政府关于政府债券发行信息的公开情况。

1. 评估发现的亮点
(1) 政府债务公开总体情况良好

31家省级政府、49家较大的市政府、120家县（市、区）政府均公开了2021年地方政府债务信息，公开比例达100%。其中，26家省级政府、44家较大的市政府和119家县（市、区）政府2021年地方政府债务信息在同一个平台或栏目中集中公开。

（2）政府债务限额、余额决算公开较规范

政府债务限额方面，28家省级政府、44家较大的市政府、115家县（市、区）政府规范公开了本地区政府债务限额决算数，占比分别为90.32%、89.80%、95.83%；27家省级政府、43家较大的市政府规范公开了本级政府债务限额决算数，占比分别为87.10%、87.76%；24家省级政府、34家较大的市政府规范公开了所属地区地方政府债务限额决算数，占比分别为77.42%、69.39%。

政府债务余额方面，28家省级政府、45家较大的市政府、115家县（市、区）政府规范公开了本地区政府债务余额决算数，占比分别为90.32%、91.84%、95.83%；28家省级政府、45家较大的市政府规范公开了本级政府债务余额决算数，占比分别为90.32%、91.84%；24家省级政府、33家较大的市政府规范公开了所属地区地方政府债务余额决算数，占比分别为77.42%、67.35%。

政府债务限额、余额决算数随决算公开比例高。29家省级政府、45家较大的市政府、115家县（市、区）政府的政府债务限额、余额决算数随2021年财政决算一同（同一链接、同一文件或同一天）公开，占比分别为93.55%、91.84%、95.83%。

（3）省级政府债券发行决算数公开情况较好

31家省级政府中，分别有27家、25家评估对象规范公开了全省、省本级2021年地方政府债券发行决算数，包括债券发行决算总数、一般债券发行决算数和专项债券发行决算数。

（4）政府债券还本、付息决算公开较规范

政府债券还本方面，26家省级政府、42家较大的市政府、105家县（市、区）政府规范公开了本地区政府债务还本决算数，包括债务还本决算总数、一般债务还本决算数和专项债务还本决算数，占比分别为83.87%、85.71%、87.50%；26家省级政府、40家较大的市政府规范公开了本级地方政府债务还本决算数，占比分别为83.87%、81.63%。

政府债券付息方面，25家省级政府、36家较大的市政府、103家县（市、区）政府规范公开了本地区政府债务付息决算数，包括政府债务付息决算总数、一般债务付息决算数和专项债务付息决算数，占比分别为80.65%、73.47%、85.83%；26家省级政府、34家较大的市政府规范公开了本级地方政府债务付息决算数，占比分别为83.87%、69.39%。

政府债务还本、付息决算数随决算公开比例高。28家省级政府、44家较大的市政府、113家县（市、区）政府的政府债务还本付息决算数随2021年财政决算一同（同一链接、同一文件或同一天）公开，占比分别为90.32%、89.80%、94.17%。

（5）省级政府债务基本信息公开全面

31家省级政府均完整公开了2021年政府债务品种、期限、利率、偿还计划、偿债资金来源等信息。

2. 评估发现的问题

（1）政府债券资金使用情况公开有待加强

一是债券资金使用情况公开比例有待提高。4家省级政府、10家较大的市政府、6家县（市、区）政府未公开本地区2021年政府债券资金使用安排决算情况。例如，有1家县（市、区）政府决算信息统计不完整，仅公开2021年1—11月政府债券资金使用安排决算情况。6家省级政府、9家较大的市政府未公开本级政府2021年政府债券资金使用安排决算情况。

二是部分评估对象债券资金使用情况未与财政决算同步公开。1家省级政府、4家较大的市政府、8家县（市、区）政府2021年政府债券资金使用安排决算未与财政决算一同（同一链接、同一文件或同一天）公开。

三是债券资金使用情况有待细化。16家省级政府、11家较大的市政府、6家县（市、区）政府公开的本地区2021年政府债券资金使用安排决算仅披露了使用方向，未明确具体使用项目；9家省级政府、14家较大的市政府公开的2021年本级政府债券资金使用安排决算仅披露了使用方向，未明确具体使用项目。

（2）市级、县（市、区）政府债务基本信息公开情况不理想

49家较大的市政府中，分别有1家、20家、22家、45家、41家评估对象未发布2021年政府债务的品种、期限、利率、偿还计划、偿债资金来源，占比分别为2.04%、40.82%、44.90%、91.84%、83.67%。

120家县（市、区）政府中，分别有2家、42家、44家、111家、112家评估对象未发布2021年政府债务的品种、期限、利率、偿还计划、偿债资金来源，占比分别为1.67%、35.00%、36.67%、92.50%、93.33%。

（十一）审计结果信息公开

随着审计工作的推进，屡查屡犯事项逐年减少，效率效能明显提升，对于促进政府工作高效透明、经济健康发展，发挥了积极的作用。同时，审计机关向被审计单位提出合理可行的整改建议，有助于政府机关加强自身能力建设。

国务院《关于加强审计工作的意见》指出，加强审计机关审计计划的统筹协调，优化审计资源配置，开展好涉及全局的重大项目审计，探索预算执行项目分阶段组织实施审计的办法，对重大政策措施、重大投资项目、重点专项资金和重大突发事件等可以开展全过程跟踪审计；把绩效理念贯穿审计工作始终，加强预算执行和其他财政收支审计，密切关注财政资金的存量和增量。

项目组对31家省级政府、49家较大的市政府、120家县（市、区）政府的审计结果公开情况进行了评估，主要考察2022年审计计划、2021年本级预算执行情况和其他财政收支审计报告、2021年政府重大政策措施落实情况跟踪审计报告。

1. 评估发现的亮点

（1）部分评估对象审计专栏信息公开有序

部分评估对象审计栏目设置层次分明，公开要素齐全，栏目内信息更新及时。例如，安徽省淮南市本级人民政府信息公开平台，建设有"审计公开"栏目，下设"制度和计划""审计结果""审计整改情况""重大政策落实跟踪审计"四个子栏目，2022年累计发布审计结果公告7件，发文标题中以"审计结果公告2022年第×号"为前缀，标识化管理程度较高。

（2）省级政府本级预算执行和其他财政收支审计报告公开较好

评估发现，29家省级政府公开了2021年度本级预算执行情况和其他财政收支审计结果报告，占比达93.55%，其中贵州省等19家评估对象审计结果报告中公开内容完善，包含审计基本情况、发现的主要问题、审计意见建议和问题整改情况。

2. 评估发现的问题

（1）年度审计计划公开情况不佳

19家省级政府、37家较大的市政府、81家县（市、区）政府未发布2022年审计计划，占比分别达61.29%、75.51%、67.50%；12家省级政府、12家较大的市政府、38家县（市、区）政府审计计划内容不全面，仅包含对部分事项审计安排，例如，有1家较大的市政府在2022年审计计划中缺少对"重大突发事件""重大投资项目"的审计工作部署。

（2）市、县（市、区）政府本级预算执行情况和其他财政收支审计报告公开力度有待加强

17家较大的市政府未发布2021年本级预算执行情况和其他财政收支审计报告，占比达34.69%；公开2021年本级预算执行情况和其他财政收支审计报告的

37家较大的市政府中，超过半数报告内容不全，如有1家较大的市政府2021年本级预算执行情况和其他财政收支审计报告中未包含审计意见建议信息，有18家评估对象未公开2021年本级预算执行情况和其他财政收支审计发现问题的整改情况。

71家县（市、区）政府未发布2021年本级预算执行情况和其他财政收支审计结果报告，占比达59.17%；公开2021年本级预算执行情况和其他财政收支审计报告的67家县（市、区）政府中，超过半数评估对象报告内容不全，如有3家评估对象2021年本级预算执行情况和其他财政收支审计报告中未公开意见建议和问题整改情况，还有35家评估对象2021年本级预算执行情况和其他财政收支审计报告中未公开审计发现问题的整改情况，也未单独发布审计发现问题的整改情况。

（3）重大政策措施落实情况跟踪审计报告公开不佳

重大政策措施落实情况跟踪审计信息公开质量有待提高。2家省级政府、19家较大的市政府、79家县（市、区）政府未发布2021年政府重大政策措施落实情况跟踪审计信息，占比分别为6.45%、38.78%、65.83%；仅2家省级政府、2家较大的市政府、10家县（市、区）政府按季度公开2022年政府重大政策措施落实情况跟踪审计报告；27家省级政府、33家较大的市政府、38家县（市、区）政府未按季度发布2021年重大政策措施落实情况跟踪审计信息，仅在"2021年本级预算执行情况和其他财政收支审计结果报告"中公开相关信息，占比分别为87.10%、67.35%、31.67%。

2021年重大政策措施落实情况跟踪审计内容不完善。有22家评估对象2021年重大政策措施落实情况跟踪审计信息中未披露审计基本情况。

（十二）义务教育领域信息公开

义务教育领域信息公开是保障学生教育机会均等、教师与学校发展机会均等的前提之一，也是保障师生和社会公众的知情权、参与权、表达权和监督权，努力构建和谐校园，办好人民满意教育的重要内容，有助于进一步规范办学秩序，使教育行政从封闭走向开放、公开、透明。

《教育部办公厅关于全面推进政务公开工作的实施意见》提出，推进义务教育招生入学信息公开，重点要求各区县公布划片工作程序、内容、结果和随迁子女入学等事项。教育部印发《义务教育领域基层政务公开标准指引》对招生管理信息公开进行了规定，内容应包括学校介绍、招生政策、招生计划、招生范围、招生结果公开；并要求发布教育概况，包括教育事业发展主要情况、教育统计数据和义务教育学校名录公开。

据此，项目组考察了120家县（市、区）政府义务教育领域的信息公开情况，考察内容包括当地义务教育招生入学政策、入学政策咨询电话、2022年义务教育招生范围（学区划分）、招生计划、招生条件、招生结果、义务教育公办学校基本信息及2022年招生简章。

1. 评估发现的亮点

（1）义务教育招生入学政策公开较好

120家县（市、区）政府中，有100家评估对象在门户网站、教育主管部门网站、教育考试院网站或义务教育相关平台公开了适用于行政区内的2022年义务教育招生工作实施方案，另有12家评估对象公开有部分区域的2022年义务教育招生入学工作文件，公开对象总占比高达93.33%，同比增长5个百分点；有92家评估对象公开有义务教育招生入学咨询电话，占76.67%，同比增长7.5个百分点。

（2）义务教育招生范围公开更加明确

120家县（市、区）政府中，有85家评估对象在门户网站、教育主管部门网站、教育考试院网站或义务教育相关平台公开了2022年本地区每所公办小学的招生范围，8家评估对象公开部分公办小学的招生范围情况；有86家在门户网站、教育主管部门网站、教育考试院网站或义务教育相关平台公开了2022年本地区每所公办初中的招生范围，3家评估对象公开了部分公办初中的招生范围情况；另有部分地区公开有详细的学区划片图。

（3）义务教育入学条件信息普遍公开

120家县（市、区）政府中，有103家评估对象公开了义务教育适龄儿童入学条件和普通公办初中入学条件，有101家评估对象公开了公办小学和初中针对随迁子女（含非本市常住人口、非本市户籍、新市民、借读生）的入学条件，明确户口、住房等具体入学问题，并同步开展网上咨询答疑。

2. 评估发现的问题

（1）义务教育招生计划公开不佳

仅有53家县（市、区）政府在门户网站、教育主管部门网站、教育考试院网站或义务教育相关平台公开2022年公办小学招生计划，其中32家评估对象公开了地区每所公办小学计划招生具体人数，4家评估对象公布了地区部分公办小学计划招生具体人数，17家评估对象公开了地区所有小学计划招生班级数或学位数；55家县（市、区）政府在门户网站、教育主管部门网站、教育考试院网站或义务教育相关平台公开2022年公办初中招生计划，其中35家评估对象公开了地区每所公办初中计划招生具体人数，6家评估对象公开了地区部分初中计划招生具体人数，14家评估对象仅公开了地区所有初中计划招生班级数或学位数。

（2）义务教育招生结果公开不够透明

120家县（市、区）政府中，仅14家评估对象公开了义务教育公办小学入学的招生名单，16家评估对象公开了义务教育公办初中入学的招生名单，占比分别为11.67%、13.33%。有15家评估对象仅公开义务教育公办小学入学总人数，16家评估对象仅公开义务教育公办初中入学总人数，招生结果信息公开不够透明。

（3）义务教育学校基本情况介绍不理想

抽查的120所义务教育公办学校中，仅有33所学校完整公开了办学性质、办学地点、办学规模、办学基本条件、学校联系方式等基本情况信息，占比27.50%；35所学校未在官方网站公开相关办学信息。另外，仅有3所学校发布了2022年招生简章，较上一年度评估情况无任何改善。

（十三）建议提案办理结果公开

做好建议和提案办理结果公开工作，对于政府及其各部门接受人大依法监督和政协民主监督，密切政府与人民群众的联系，提高政府工作透明度，加强法治政府、创新政府、廉洁政府建设具有重要意义。

《国务院办公厅关于做好全国人大代表建议和全国政协委员提案办理结果公开工作的通知》要求，进一步推动建议和提案办理复文全文公开，对于涉及公共利益、公众权益、社会关切及需要社会广泛知晓的建议和提案办理复文，原则上都应全文公开；要充分发挥政府网站信息公开平台的重要作用，集中展示公开的建议和提案办理结果信息，方便公众查阅。

项目组对48家国务院部门、31家省级部门、49家较大的市政府、120家县（市、区）政府的人大代表建议、政协委员提案办理结果公开情况进行考察，考察内容包括：专栏设置情况、2022年建议提案复文全文公开情况、2022年建议提案办理总体情况。

1. 评估发现的亮点

（1）建议提案办理专栏建设情况良好

一是专栏开设比例高。46家国务院部门、31家省级政府、48家较大的市政府、110家县（市、区）政府在门户网站设置了专门栏目集中发布人大代表建议和政协委员提案办理结果，总体开设比例达94.76%。

二是部分专栏信息分类条理性强。例如，山东省济南市历下区人民政府"建议提案办理"专栏下设有"人大建议办理情况""政协委员提案办理情况""建议和提案总体情况"栏目，人大代表建议、政协委员提案办理复文均按照省级、市级、区级分类公开；安徽省淮南市"建议提案办理"专栏下设置"办理制度与推进情况""人大代表建议办理""政协委员提案办理""省人大代表建议办理"和"省政协委员提案办理"栏目，其中"办理制度与推进情况"栏目下公开了建议提案办理制度、任务分解表、办理总体情况等信息，内容全面具体。

（2）建议提案办理复文内容规范

一是复文公开完整。202家评估对象公开的2022年人大代表建议办理复文均为全文公开；公开2022年政协委员提案办理复文的194家评估对象中，有193家评估对象的办理复文全文公开。

二是部分评估对象办理工作实现事中事后联系群众。例如，北京市西城区政协委员提案办理复文内容翔实，同步公开了提案内容，并在复文下方提供了"我要评议"功能，可以从选题的公共性、问题的知情度、建议的参考性、格式的规范性等方面进行打分并提出建议；上海市普陀区根据办理进展，对人大代表建议给予多次答复。

2. 评估发现的问题

(1) 办理复文未全面公开

248家评估对象中,分别有46家、54家评估对象未公开2022年度人大代表建议、政协委员提案办理复文,占比分别为18.55%、21.77%。

(2) 建议提案办理总体情况公开较差

248家评估对象中,分别仅30家、28家评估对象公开了2022年人大代表建议办理总体情况、政协委员提案办理总体情况。

(十四) 新冠疫情防控信息公开

依法依规做好涉疫信息披露,及时发出新冠疫情防控权威信息,回应社会关切和舆论关注,不仅是一项严肃的"规定工作",更是一项关乎人民健康、关乎群众期盼、关乎社会治理的"基本功"。

国务院办公厅印发的《2021年政务公开工作要点》要求,切实增强新冠疫情防控信息发布的及时性、针对性,准确把握常态化新冠疫情防控的阶段性特征和要求,重点围绕散发疫情、隔离管控、流调溯源、精准防控、冷链物流、假期人员流动等发布权威信息,扎实做好疫苗接种信息公开和舆论引导工作。国务院办公厅印发的《2022年政务公开工作要点》指出，要持续做好新冠疫情防控信息公开，严格执行新冠疫情防控信息发布各项制度，统筹用好各类信息发布平台，持续发布新冠疫情防控进展信息，及时充分回应社会关切，防止引发疑虑和不实炒作。

项目组对31家省级政府、49家较大的市政府、120家县（市、区）政府关于疫情防控信息常态化公开情况进行了考察，考察内容主要是2022年新冠疫情防控信息（包括散发疫情、隔离管控、流调溯源、精准防控、冷链物流、假期人员流动）的发布情况。

1. 评估发现的亮点

（1）新冠疫情防控信息普遍公开

31家省级政府、49较大的市政府以及120家县（市、区）政府均在门户网站或其所属卫生健康部门网站发布了2022年新冠疫情防控信息。

（2）新冠疫情防控信息公开专栏建设情况良好

大多数政府门户网站中开设新冠疫情防控专栏集中、及时公开新冠疫情防控进展信息。其中部分评估对象栏目设置合理、信息发布全面，例如四川省"统筹推进疫情防控和经济社会发展"专栏下设置"中央部署""四川行动""经济民生""政策文件""回应关切""防控知识"等栏目，集中公开了中央、四川省对新冠疫情防控工作的部署情况、新冠疫情防控政策的实施情况以及新冠疫情防控科普知识等信息，同时在专栏下方提供了"四川常态化疫情防控下新冠新冠救治定点医院""各市州发热门诊""心理援助热线"等服务信息。

（3）个人隐私保护措施到位

公开新冠疫情流调溯源信息的27家省级政府、47家较大的市政府、106家县（市、区）政府，均对涉及的个人信息进行了技术处理，未出现泄露个人身份证号码、电话号码、详细住址的情况。

2. 评估发现的问题

新冠疫情防控信息公开不够全面。31家省级政府、49家较大的市政府、120家县（市、区）政府中，有54家评估对象2022年新冠疫情防控信息发布不全面。其中，分别有4家、7家、24家、4家、43家、1家评估对象门户网站或其所属卫生健康部门网站未发布散发疫情、隔离管控、流调溯源、精准防控、冷链物流、假期人员流动信息。

（十五）公共企事业单位信息公开规定

推进公共企事业单位信息公开制度，有利于公共企事业单位树立以人为本的服务理念，及时倾听群众呼声,了解群众意愿,创新服务方式,丰富服务内容,提高服务质量,满足群众多方面的公共需求,及时解决关系群众切身利益的问题,营造公平正义、安定有序的社会环境,为促进经济社会发展创造条件。

《2021年政务公开工作要点》中提出,国务院有关主管部门在2021年年底前出台教育、卫生健康、供水、供电、供气、供热、生态环境、公共交通等领域的公共企事业单位信息公开规定,进一步加强监管,优化公共服务。《2022年政务公开工作要点》中要求,严格执行已出台的公共企事业单位信息公开制度,深入推进公共企事业单位信息公开,以有力、有效的信息公开,助力监督管理的强化和服务水平的提升;重点加强具有市场支配地位、公共属性较强、需要重点监管的公共企事业单位的信息公开,更好维护市场经济秩序和人民群众切身利益。

项目组对国务院有关主管部门,考察了关于公共企事业单位信息公开规定的出台情况;对49家较大的市政府考察公共企事业单位信息公开制度执行情况,包括信息公开专栏和线上咨询渠道的建设情况。

1. 评估发现的亮点
(1) 部分领域公共企事业单位信息公开规定已出台
7家国务院部门已制定了教育、卫生健康、供水、供电、供气、供热、生态环境、公共交通、慈善等领域公共企事业单位信息公开规定。部分评估对象在国务院印发《公共企事业单位信息公开规定制定办法》后，对相关领域公共企事业单位信息公开规定进行了更新，如住房和城乡建设部在 2021 年 12 月 31 日更新发布了《供水、供气、供热等公共企事业单位信息公开实施办法》；2021 年 11 月 23 日，国家能源局在广泛征求意见的基础上更新发布了《供电企业信息公开实施办法》。

（2）部分市级政府公共企事业单位信息公开专栏建设较好

部分较大的市政府门户网站开设公共企事业单位信息公开专栏，集成信息公开、咨询、服务等功能。例如，山东省济南市开设"济南市公共企事业单位信息公开专栏"，专栏首页设置"企业信息公开""公开制度""在线服务"板块。其中"企业信息公开"板块按领域设置"教育""卫生健康""农业""水电气热""公共交通""住房保障""民政"栏目，集中、分类公开各领域公共企事业单位相关信息，且各栏目对领域内企事业单位进行进一步细分，并提供相关领域办事服务入口。

2. 评估发现的问题
（1）公共企事业单位信息公开规定内容有待规范

7 家国务院部门发布的公共企事业单位信息公开规

定内容不够完善。例如，有部门发布的信息公开规定中未以清单方式明确列出公开内容、时限要求，且未明确依申请公开的办理期限、处理方式、监督救济渠道等内容；还有部门发布的公开办法未明确要求公共企事业单位设置信息公开咨询窗口。

（2）市级政府对于公共企事业单位信息公开规定的落实情况不理想

一是专栏建设情况不理想。49家较大的市政府中，仅24家评估对象在门户网站中开设了公共企事业单位信息公开专栏，且其中部分评估对象门户网站专栏下仅公开少数领域公共企事业单位信息，例如，有1家评估对象仅公开了所属国有企业相关信息。

二是线上信息公开咨询渠道不够畅通。24家较大的市政府未提供公共企事业单位信息公开线上咨询渠道；部分评估对象仅提供了部分领域的咨询方式，如有1家评估单位仅提供了公共交通领域咨询热线电话，有1家评估单位仅提供供热领域在线咨询方式。

（十六）基层政务公开标准化规范化

推进基层政务公开标准化规范化是党中央部署的重要改革任务，对于坚持和完善基层民主制度，密切党同人民群众联系，加强基层行政权力监督制约，提升基层政府治理能力具有重要意义。

《2021年政务公开工作要点》要求，尚未出台本领域基层政务公开标准指引的国务院部门，在2021年年底前编制完成标准指引。《国务院办公厅关于全面推进基层政务公开标准化规范化工作的指导意见》提出，国务院部门要参照试点做法，结合本部门主要职责，确定涉及基层政务公开的其他领域，围绕公开什么、由谁公开、在哪公开、如何公开等内容，于2021年年底前编制完成相关领域基层政务公开标准指引；同时，依据法律法规和本部门本系统职责变化情况，做好标准指引调整完善工作；国务院标准化主管部门要发挥专业优势，制定发布相关国家标准，指导基层政务公开标准指引的编制工作。

因此，项目组对48家国务院部门基层政务公开标准指引的编制发布情况进行了考察。评估发现，考察的国务院部门基层政务公开标准指引编制发布工作须持续推进。

一是部分评估对象暂未编制公开基层政务公开标准指引。48家国务院部门中，仅水利部、国家税务总局、国家发展和改革委员会、司法部、人力资源和社会保障部、生态环境部、农业农村部、文化和旅游部、教育部、公安部、民政部、财政部、自然资源部、住房和城乡建设部、国家卫生健康委员会、应急管理部、国家市场监督管理总局、国家统计局、国家广播电视总局、海关总署、交通运输部共21家评估对象编制并发布了水利、税收管理、重大建设项目、公共资源交易、公共法律服务、就业、社会保险、生态环境、涉农补贴、公共文化服务、义务教育、户籍管理、社会救助、养老服务、财政预决算、城乡规划、农村集体土地征收、保障性住房、国有土地上房屋征收与补偿、市政服务、农村危房改造、城市综合执法、卫生健康、安全生产、救灾、食品药品监管、统计领域、广播电视、海关领域、交通运输领域的基层政务公开标准指引，公开对象占比仅为43.75%。

二是标准指引更新、调整工作有待加强。发布基层政务公开标准指引的21家国务院部门中，有16家评估对象存在标准指引长期未更新的情况。例如《社会救助领域基层政务公开标准指引》《养老服务领域基层政务公开标准指引》《税收管理领域基层政务公开标准指引》《重大建设项目领域基层政务公开标准指引》《公共资源交易领域基层政务公开标准指引》《就业和社会保险领域基层政务公开标准指引》《生态环境领域基层政务公开标准指引》《公共文化服务领域基层政务公开标准指引》《义务教育领域基层政务公开标准指引》《财政预决算领域基层政务公开标准指引》《城乡规划领域基层政务公开标准指引》《农村集体土地征收基层政务公开标准指引》《保障性住房领域基层政务公开标准目录》《国有土地上房屋征收与补偿领域基层政务公开标准目录》《市政服务领域基层政务公开标准目录》《农村危房改造领域基层政务公开标准目录》《城市综合执法领域基层政务公开标准目录》《卫生健康领域基层政务公开标准指引（试行）》《安全生产领域基层政务公开标准目录》《救灾领域基层政务公开标准目录》《食品药品监管领域基层政务公开标准指引》为 2019 年发布，近两年未依据法律法规和本部门本系统职责变化情况，对标准指引进行调整完善。

（十七）政府信息公开平台建设

《国务院办公厅政府信息与政务公开办公室关于规范政府信息公开平台有关事项的通知》指出，政府信息公开平台，是发布法定主动公开内容的公开平台，也是加强重点政府信息管理的管理平台；政府信息公开平台发布的内容，涵盖行政机关管理社会、服务公众的依据和结果，应当做到权威准确、内容全面、便于获取利用。《2022 年政务公开工作要点》明确，严格落实网络意识形态责任制，确保政府网站与政务新媒体安全平稳运行；深入推进政府网站集约化，强化政务新媒体矩阵建设，加强地方和部门协同，及时准确传递党和政府权威声音；规范高效办理"我为政府网站找错"平台网民留言；持续做好政府公报工作。

本次围绕网站信息发布及栏目建设规范性、检索功能有效性、政府公报发布情况、互动功能可用性、政务新媒体建设运维情况等指标，对48家国务院部门、31家省级政府、49家较大的市政府和120家县（市、区）政府进行评估。

1. 网站信息发布及栏目设置情况

根据《国务院办公厅关于印发政府网站发展指引的通知》要求，政府网站要对发布的信息和数据进行科学分类、及时更新，确保准确权威，便于公众使用；对信息数据无力持续更新或维护的栏目要进行优化调整；栏目设置要科学合理，充分体现政府工作职能，避免开设与履职行为、公众需求相关度不高的栏目。本次评估主要围绕网站信息发布规范性、栏目重叠情况指标对评估对象网站进行检查。

（1）评估发现的亮点

网站信息发布普遍规范，栏目重叠情况较少。有95.83%（46家）的国务院部门、100%（31家）的省级政府、95.92%（47家）的较大的市政府、98.33%（118家）的县（市、区）政府网站无栏目重叠情况，栏目布局清晰合理，页面简洁且整合了较多的服务内容，便于用户使用网站寻找信息内容。

（2）评估发现的问题

个别政府网站栏目及信息发布不规范，存在相同内容在同一栏目中重复发布、同一栏目下发布内容不同的问题，信息发布规范性有待进一步加强。例如，有1家评估对象重复建设"统计数据"栏目，"政务公开"下"统计数据"子栏目正常更新，而政府信息公开平台下"统计数据"栏目仅保留部分信息且未更新。还有1家评估对象重复建设"规范性文件"栏目，且"政务公开"下"规范性文件"子栏目与政府信息公开平台下"规范性文件"栏目数据不同源。

2. 网站检索功能有效性

国务院办公厅《政府网站发展指引》明确提出，要优化政府网站搜索功能，提供错别字自动纠正、关键词推荐、拼音转化搜索和通俗语言搜索等功能，根据用户真实需求调整搜索结果排序，提供多维度分类展现，聚合相关信息和服务，实现"搜索即服务"。

（1）评估发现的亮点

检索功能可用性较高。所有评估对象网站均设置有检索功能，其中48家国务院部门网站、29家省级政府网站、49家较大的市政府网站、120家县（市、区）政府网站检索功能均可用，搜索框均能实现正常检索功能，检索结果普遍可通过分类展示。各评估对象普遍设置有高级检索功能，且检索结果可按照时间范围、栏目分类等一定规则进行分类排序。

部分政府网站积极运用大数据、云计算、移动互联网等信息技术，实现了查询功能智能化建设，进一步加快推进"互联网＋政务"，紧紧把握用户的需求变化，运用政府网站检索功能内容分类、智能推送等技术，把搜索联系关键词图谱、词频关注度排名等内容凸显出来。

（2）评估发现的问题

网站在线服务入口搜索功能有待优化。通过搜索"服务"关键词进行测试发现，仍有11家国务院部门网站不可搜索在线服务入口。

高级检索功能未实现百分百覆盖，1家国务院部门网站不支持精准搜索，2家省级政府网站主页不支持精准搜索，3家较大的市政府和1家县（市、区）政府网站不支持精准检索服务。

3. 政府公报发布情况

政府公报是刊登行政法规和规章标准文本的法定载体，是政府机关发布政令的权威渠道，在推进政务公开、加强政务服务、促进依法行政、密切党和政府同人民群众联系等方面发挥着重要作用。《2022年政务公开工作要点》明确指出，持续做好政府公报工作。

本次评估围绕政府公报专栏开设情况、是否发布近年电子版政府公报指标，对31家省级政府、49家较大的市政府共80家评估对象进行评估，评估对象暂不涉及县（市、区）级政府。

评估发现，评估对象普遍开设政府公报专栏，专栏开设普遍较为规范、完整。有97.50%（78家）的评估对象开设政府公报专栏。其中，省级政府31家，较大的市政府47家。

部分网站电子版政府公报提供公报目录导航和内容检索服务，方便公众查阅和了解政府重要文件和工作动态。如北京市人民政府网站电子版政府公报专栏开设有公报目录和内容检索服务功能。

部分评估对象专门开设政府公报新媒体账号。评估发现，为适应移动互联网发展趋势，提升用户体验，满足手机用户需求，部分评估对象通过政务新媒体渠道打造"掌上公报"。如广东省人民政府专门开设"广东省人民政府公报"微信公众号，且做到内容更新及时，通过多渠道进行政府公报宣传，扩大了政府公报的知晓度和影响力。

4. 网站互动功能

政府门户网站要搭建统一的互动交流平台，根据工作需要，实现留言评论、在线访谈、征集调查、咨询投诉和即时通信等功能，为听取民意、了解民愿、汇聚民智、回应民声提供平台支撑。

本次评估围绕网站是否开设互动平台指标，对248家评估对象进行评估。

（1）评估发现的亮点

评估对象普遍开设有政民互动栏目。有99.60%（247家）的评估对象开设相关政民互动栏目，普遍开通领导信箱、在线访谈、意见征集等功能。其中，47家国务院部门、31家省级政府、49家较大的市政府、120家县（市、区）政府的互动平台栏目较为规范统一，栏目功能设置完善；部分网站领导信箱对留言受理反馈情况动态数据进行统计。

（2）评估发现的问题

留言选登信息要素公开不全面。《政府网站发展指引》明确提出，要做好意见建议受理反馈情况的公开工作，列清受理日期、答复日期、答复部门、答复内容以及有关统计数据等。评估发现，部分评估对象网站留言选登未列清留言日期、答复日期、答复部门、答复内容等。例如，项目组随机查看的1家省级政府网站的5条留言均未公开留言时间。

5. 政务新媒体建设运维情况

政务新媒体是移动互联网时代党和政府联系群众、

服务群众、凝聚群众的重要渠道。《国务院办公厅关于推进政务新媒体健康有序发展的意见》指出，各地区、各部门要遵循政务新媒体发展规律，明确政务新媒体定位，充分发挥政务新媒体传播速度快、受众面广、互动性强等优势，以内容建设为根本，不断强化发布、传播、互动、引导、办事等功能，为企业和群众提供更加便捷实用的移动服务。本次评估围绕政务新媒体开设更新情况、新媒体与政府网站关联情况以及内容发布情况等指标，对248家评估对象进行评估。

（1）评估发现的亮点

评估对象普遍开设有政务新媒体。有99.19%（246家）的评估对象开设有政务新媒体（政务微信或政务微博）账号。其中包含47家国务院部门、31家省级政府、49家较大的市政府、119家县（市、区）政府。

政务新媒体内容更新运维情况较好。政务新媒体内容更新方面，开设有新媒体平台的246家评估对象中，有95.93%（236家）的评估对象其政务新媒体在一周内有内容更新。其中包含45家国务院部门、30家省级政府、49家较大的市政府、116家县（市、区）政府。

政务新媒体重复建设以及"娱乐化"现象基本消除。《2021年政务公开工作要点》要求，要完善政务公开平台，健全政务新媒体监管机制，针对一哄而上、重复建设、"娱乐化"等问题有序开展清理整合。对此，项目组查看了评估对象在同一新媒体平台是否开设有两个及以上相同认证主体信息的账号，并检查近2周内新媒体是否发布有与本级政府职能没有直接关联的内容，是否存在转发、点赞娱乐新闻等情况，评估发现，开设有政务新媒体的评估对象中，244家政务新媒体账号无重复建设、"娱乐化"现象。

（2）评估发现的问题

政务新媒体与网站关联性有待优化。在开设政务新媒体平台的246家评估对象中，6.10%（15家）的评估对象政务新媒体与本级政府网站均未互相关联；2.85%（7家）的评估对象网站未提供新媒体二维码入口或链接入口；31.71%（78家）的评估对象政务新媒体未提供本级政府网站入口或链接入口。

部分政务新媒体更新运维有待加强。在开设新媒体平台的246家评估对象中，3.25%（8家）的政务新媒体更新情况低于每周一次。1家省级政府微信公众号自2022年全年仅更新2条消息，政务新媒体更新运维有待加强。

部分评估对象政务新媒体发布的信息未在政府网站上发布。政府门户网站是政务公开的第一平台，新媒体上公开的政府信息，理应也在门户网站公开。项目组通过随机选取新媒体已发布内容在政府网站进行搜索发现，在开设新媒体平台的246家评估对象中，34.96%（86家）的评估对象未在对应的政府网站上发布政务新媒体信息。

四　发展展望

党的二十大报告指出，要扎实推进依法行政，法治政府建设是全面依法治国的重点任务和主体工程。近年来的实践证明，政务公开是有效推动法治政府建设的"牛鼻子"。党的二十大报告还提出，完善办事公开制度，拓宽基层各类群体有序参与基层治理渠道，保障人民依法管理基层公共事务和公益事业，将推动公开作为推动落实全过程人民民主的重要手段。未来全面推进政务公开工作，首先要继续完善和细化政务公开的制度机制，以完善的制度机制固化政务公开成果、指引政务公开操作，最大限度减少管理者认识、水平对政务公开工作的影响。其次要面向公众需求，不断查找政务公开问题和短板，逐个领域推进相关政务活动和政务信息的公开。最后要用好信息化手段，加大对政务活动和政务公开的流程节点管理，提高数据信息的归集处理能力，提升政务公开前台展示水平和精准推送能力。经对2022年政务公开工作的总结，提出如下建议。

第一，公开内容以社会需求为导向。国务院办公厅印发的《2022年政务公开工作要点》在夯实公开工作的基础上，提出要以公开助力经济平稳健康发展、以公开助力保持社会和谐稳定，将涉及市场主体、降税减费、扩大有效投资、疫情防控、稳就业保就业、公共企事业单位方面的信息公开工作放在最前面，充分体现了国家对政务公开满足人民群众工作生活以及社会发展需求方面的重视。经过多年推进，目前全国政务公开保持较高水平，下一步工作方向必然是推动政务公开工作向高质量、高水平发展，在保持基础领域信息公开质效的前提下，更加注重社会需求的导向性，加强对社会热点、群众关注的信息公开，提升政务公开工作的实效性。

第二，不断完善公开程序。以规章制度规范公开程序，健全信息公开审核发布、保密审核等机制，严格规范信息发布审核流程，常规信息经信息公开主管部门领导审核后发布，重要信息经主要领导审核发布。建立监督检查制度，开展信息公开社会评议，鼓励广大群众和干部职工参与信息监督。

第三，做好信息公开属性认定。坚持"公开为常态、不公开为例外"的原则，根据《中华人民共和国政府信息公开条例》《中华人民共和国保守国家秘密法》《国家行政机关公文处理办法》等相关文件要求，合理界定信息公开属性，明确主动公开、依申请公开、不予公开信息的范围，开展历史公文公开属性认定，对于认定为依申请公开、不予公开的历史公文，符合公开条件的及时转化为主动公开。

第四，持续拓展政府信息公开形式。一是坚持开展政府开放日活动，通过走访观摩、座谈答疑等形式，打通为民服务的"最后一公里"、畅通与社会公众的互动交流，增进人民群众对政府工作的了解和认知，同时广泛听取群众建议，了解群众需要哪些信息，提高信息公开质量。二是利用好政务公开专区，提供办事服务咨询、公众意见征集、政府信息查询、依申请公开受理等服务，畅通线下政务公开渠道。三是充分发挥政务新媒体效能，政务新媒体是移动互联网时代党和政府联系群众、服务群众、凝聚群众的重要渠道，各级政府应遵循以发布为基础、以互动为核心、以服务为根本的原则，在内容设置、表达方式、快速响应、回应群众需求等方面下功夫，确保政务新媒体在宣传党的思想工作、提高政府部门亲民度和公信力、政务公开、社会治理等方面取得实效。

第五，加强反垄断与反不正当竞争执法信息公开。反垄断、反不正当竞争监管，是激发市场主体活力，提高经济运行效率和资源配置效率，保障消费者权益的重要举措。各级执法部门应持续加强反垄断、反不正当竞争执法信息公开，坚持以案说法、以案普法，对垄断、不正当竞争等违法行为形成震慑，让广大社会公众切实感受到公平正义。

后　　记

本次是我们团队连续第九年发布《中国政务公开第三方评估报告》。本报告是 2022 年对国务院部门、省级政府、较大的市政府和部分县（市、区）政府推进政务公开工作的情况进行评估的结果分析。

2022 年是党的二十大胜利召开之年，也是实施"十四五"规划承上启下的关键之年。这一年，《法治政府建设实施纲要（2021—2025 年）》深入实施，法治观念不断深入人心，各级政府的政务服务水平也不断提高，成效显著。对政务公开实施情况进行评估是中国社会科学院国家法治指数研究中心及中国社会科学院法学研究所法治指数创新工程项目组长期开展法治指数研究的重要一环。评点成效、指出问题，这让学术研究和实务工作可以有效互动，也有力地推动了政务公开工作。

政务公开第三方评估是在法学研究所和国际法研

究所联合党委领导下，在法学研究所领导及全体人员大力支持下进行的。评估也受到各级政府机关和专家学者的关心和帮助。报告的编辑得到了中国社会科学出版社社长赵剑英教授、总编辑杨志勇教授、原副总编辑王茵编审的关心和帮助。对此，我们衷心表示感谢。

著　者
2023 年 7 月